KB265011

어둠을 밝히는 지혜

대융합시대를 여는 수행문화교육

서동석 지음

에머슨하우스
교육연구소

_______________________ 님께

AI변혁시대는
위기와 기회를 동반하고 있습니다.
새로운 것이 태어나는 데는
고통이 수반됩니다.
보편적 정신문화교육을 통해
건강한 융합사회로
함께 가길 소망합니다.

_______________________ 드림

일러두기

이 책의 제1부와 제2부는 필자가, 2024년 4월부터 2025년 2월까지, CEO대상 인터넷신문인 비즈체크(Bizcheck)에 기고한 수행문화와 인간교육에 관한 칼럼을 단행본으로 재구성한 것입니다. 단행본의 체계에 맞게 일부 수정, 보완되었습니다. 제3부는 특별한 인연으로 설립되고 잠시 운영된 반야연구소에서 2011년에 작성한 연구보고서의 일부 내용을 새롭게 풀어쓴 것입니다. 여기에 인용된 것들은 일반적인 내용으로 출처의 이름만 밝히거나, 저자명과 작품명을 동시에 밝혔습니다. 책의 제목과 앞뒤 표지의 도안으로 쓰인 것은 진공재 전각 명인의 작품으로, 허락을 받아 활용되었습니다.

목차

삶의 본질을 다시 성찰하자

학교에서 배우거나 살면서 배운 대부분의 지식은 삶의 실존과는 상당히 거리가 멀다. 대부분 일정한 틀에 맞게 짜인 이론이거나, 기계적 체계에 관한 것이기 때문이다. 인간의 생명현상과 본성은 어떤 관념이나 경계에 가둘 수 없다. 그러나 사회를 이루고 있는 인간의 삶은 일정한 틀과 질서 속에서 살 수밖에 없는 한계를 또한 지니고 있다.

삶의 형식과 본질 사이의 모순은 우리가 처한 실존 상황이다.

나는 에머슨(Ralph Waldo Emerson)을 통해서 삶의 양극적 모순을 깨달았다. 그러나 아는 지식과 실제로 그것을 삶에 구현하는 지혜는 별개의 문제다. 대학의 교수직을 그만두고 사회에 나와서 수행을 전문적으로 연구하면서부터, 나는 진리와 현상의 차이를 처절하게 느꼈다.

비록 내가 에머슨에 관한 연구로 박사학위를 받았지만, 내가 얻은 지식은 그저 잡다하고 복잡한 이론과 정보에 불과했다. 내 삶과 학문적 지식정보는 상당히 동떨어져 있었다. 나뿐만 아니라 고등교육을 받은 다른 사람들을 봐도, 수많은 지식과 세상을 조화롭게 사는 지혜는 별개의 문제라는 사실을 깨달을 수 있었다. 좀 과하게 말하면, 나의 전문지식은 생계를 위해 잠시 필요했을 뿐이다.

지식은 내 삶을 근원적으로 구원해주지 못했다.

그러나 다행히도 나는 에머슨을 통해 진리의 본질인 중도(中道)로 가는 인연을 만났다. 여러 인연 속에서, 나는 학문적 지식이 아닌 삶의 지혜로서 에머슨의 사상을 새롭게 이해할 수 있었다. 물론 그 과정은 평탄하지 않았다. 대학을 나와 사회에서 이러저러한 모색을 했지만, 내 계획대로 되지 않았다. 세상은 진공상태로 있는 것이 아니기 때문이다. 그러나 내 마음 속에 깊이 뿌리박혀 있던 진리추구의 인연종자 때문인지 모르겠지만, 나는 수행을 본격적으로 연구할 수 있었다.

2010년부터 반야연구소에서 불교수행을 연구하면서, 중도의 이치와 수행의 방법을 배웠다. 또한 중도적 삶이 에머슨이 주장한 조화와 균형과 일맥상통하다는 사실도 깨달았다. 중도의 이치를 가장 쉽게 알리는 방법으로, 건강을 중심으로 둔 심신균형프로그램을 만들었다. 이론과 실습을 병행한 특강 경험을 바탕으로, 2013년에《인문학으로 풀어 쓴 건강》을 출간했다. 이후에 나온 10여권의 책에는 건강이 중심개념으로 들어가 있다.

책을 쓰는 일은 내게는 특별한 의미가 있다.

책과 관련한 작업은 나만의 독특한 수행의 방식이기도 하고, 책 자체가 수행의 인연자를 만나는 매개역할을 했다. 그 중에서 내 인생을 전환시킨 몇 가지 책들이 있다. 《자연》은 비록 에머슨의 저작 중에서 일부를 뽑아서 번역한 것이지만, BTS RM이 읽은 덕에 에머슨 연구자로서 나의 위상을 높였다. 《에머슨, 조화와 균형의 삶》은 내 박사학위논문을 일반교양서로 새롭게 만든 것으로, 수행의 입장에서 진리를 추구한 에머슨의 삶과 사상을 새롭게 정립했다. 《에머슨 인생학》은 내 인생의 반성문으로서 에머슨을 내세워 나의 인생을 성찰하는 내용을 담고 있다.

내 종교관을 대승적으로 회통시킨 책은 2018년에 낸 《공자 노자 석가 예수를 관통하는 진리》다. 이 책을 계기로 여러 분야의 사람들을 만났고, 진리에는 경계가 없다는 사실을 실감했다. 특히 이 책은 AI가 인류사회에 미칠 영향과 인공지능시대에 수행과 인간교육의 중요성을 일깨웠다. 더불어 이 책으로 인한 여러 인연의 결과로, 나는 역(易)을 공부할 수 있었다.

미국의 공자라고 불리는 에머슨의 사상을 보다 깊이 이해하기 위해서, 2020년부터 주역을 새롭게 정리하면서 책을 쓰기 시작했다. 여러 가지 부족한 점들이 많지만, 2021년에《주역 인생전략》을 출간했다. 그 과정에서, 변화에도 때와 공간과 사람이 필요하다는 점을 보다 현실적인 차원에서 깨닫게 되었다.

역(易)의 원리는 현상의 중요성과, 현실세계가 궁극적으로 지향하는 곳은 정신세계임을 일깨우고 있다.

역(易)의 이치를 성찰하면서, 우리 사회가 앞으로 큰 변화의 위기에 직면할 것임을 알 수 있었다. 그때를 대비해 새로운 인간교육의 기준을 세울 계획으로, 2022년부터 본격적으로 연구소에서 직접 책을 발행하기 시작했다. 그렇게 해서 나온 책들이《경계를 넘어 통합을 보다》,《나를 찾을 결심》, 그리고《융합창의력과 인간교육》이다.

나는 2024년부터 수행과 인간교육을 위한 본격적인 활동에 나서려고 했지만, 상황은 허락되지 않았다. 다행히 이 시기에 주간불교신문사와 인터넷신문인 비즈체크와의 인연으로, 생활수행과 인간교육에 관한 칼럼을 쓰게 되었다. 그 덕분에 나는 그동안 연구하고 개발한 수행과 인간교육에 관한 프로그램과 콘텐츠를 정리할 수 있는 시간을 가질 수 있었다. 칼럼을 쓰면서, 나는 우리 사회의 변화에 대처하는 데 필요한 정신적 에너지를 응집할 수 있었다.

이번 책은 비즈체크에 실린 칼럼들을 우선 책으로 엮은 것이다. 더불어 수행을 본격적으로 연구한 반야연구소에서 제출한 〈수행의 원리를 이용한 건강법〉의 일부 내용도 함께 묶었다.

이제 내가 밝힌 내용들을 현실에 적용하는 일만 남았다. 이 책은 삶의 본질을 성찰하고, 현실에서 도리에 맞게 사는 것이 개인과 사회를 구하는 핵심이라는 사실을 알리는 데 일차 목적이 있다. 그리고 더 나아가 수행문화와 인간교육의 기본 모델링 작업에 실제로 함께할 사람들을 구하는 적극적인 의지와 구체적인 계획도 표방하고 있다.

각자 살아가는 방식은 달라도, 태어나고 죽는 것은 우리 모두 똑같다. 그 공통점은 생명현상이다.

인류문명은 극도로 발전하고 있지만, 예나 지금이나 기본적인 생명욕구는 크게 변하지 않았다. 수행과 인간교육은 생명현상의 변화를 이해하고, 냉혹한 현실에 기초해서, 정신을 고양시켜나가는 총체적인 노력을 통해서 완성된다.

우리는 그동안 지나치게 산업사회의 가치체계에 매몰되어, 인간정신의 위대함을 망각했다. 물질주의적 세계관은 우리 사회를 이분법으로 양분하고, 대부분의 사람들을 산업문명의 도구로 전락시켰다. 다행히도 첨단과학이 발전할수록, 삶의 본질이 중요시되고 있다. 인간에게 가장 중요한 요소는 자유의지다. 우리는 형식과 표현에 구속

된 삶을 살고 있지만, 성인들은 모든 경계를 넘어선 대자유의 삶을 공통적으로 말씀했다.

삶의 본질을 회복하고 대자유를 지향하는 것은 수행이고, 그 기초를 다지는 과정은 인간교육이다. 사회의 모든 문제는 인간의 문제이기도 하다. 따라서 우리 모두가 스스로 바로 서면, 혼란스러운 우리 사회도 질서를 회복하게 된다.

바로 선다는 것은 자립(自立)을 의미한다.

진정한 자립은 스스로 중심을 잡고, 관계의 균형을 사회로 확대하는 일이다. 중심과 균형은 성인들이 공통적으로 한 말씀의 이치다. 중도, 중용, 황금률 등으로 표현되는 삶의 본질은 멀리 있는 것이 아니라, 우리의 삶속에 있다. 사회의 질서에는 우리 모두의 중심과 균형이 함께 작용한다. 그러므로 부조리한 사회 상황의 원인을 남 탓으로 돌리기에 앞서, 스스로를 돌아보는 성찰이 지금 우리에게 가장 긴요하다.

더군다나 지금은 AI로 인해 인류문명이 새로운 차원으로 전환하는 과도기로, 전 세계가 혼란한 상태에 있다. 우리가 새로운 경제질서에서 주도권을 잃지 않고 동시에 사회의 평화를 회복하는 데는, 물질의 한계를 넘는 융합창의력과 더불어 물질문화와 정신문화를 아우르는 윤리도덕이 무엇보다 요구된다. 이 점에서, 이 책은 여러 측

면에서 수행과 인간교육에 관련한 내용들을 반복해서 강조하고 있
다. 그만큼 문명의 전환과정에서 정신문화와 인간성의 회복이 중요
하기 때문이다.

이 책이 우리 사회를 이끌어나갈 지도자들의 정신을 다시 깨우고,
인공지능시대를 선도할 미래세대를 위한 총제적인 인간교육과 수행
문화의 마중물이 되길 소망한다.

2025년 3월 5일
구기동 연구소에서
서동석

제1부

변혁시대의 바른 도리

제1부. 변혁시대의 바른 도리

새로운 시대에는 새로운 정신문화가 필요하다. AI의 등장으로 인류 문명은 지금 거대한 전환을 이루고 있는 중이다. 새로운 시대의 핵심 가치는 융합이다. 많은 분야에서 융합을 통해 새로운 질서를 찾고 있다. 그러나 그 과정은 쉽지 않다. 서로 이해가 상충하는 부분을 균형 있게 조율해서 조화를 유지하는 것이 어렵기 때문이다.

인공지능시대에 인류의 위기를 막기 위해, 뜻이 있는 사람들은 새로운 보편윤리를 설정하기 위한 모색을 여러 방면에서 하고 있다. 나는 성인(聖人)들의 말씀 속에서 그 해답을 찾을 수 있었다.

성인은 단순히 종교적 숭배의 대상이 아니다.

그분들이 설파한 말씀 속에는, 인류의 위기를 구할 수 있는 실질적인 원리들이 내포되어 있다. 예를 들어, 사랑과 자비는 추상적인 말이지만, 사회의 모순과 갈등을 치유하는 데 가장 효과적인 작용을 한다. 무엇보다 이질적인 정보와 물질을 융합하는 과정에는, 중도(中道)로 대표되는 균형조율의 원리가 필요하다.

균형조율의 바른 도리가 없으면, 사회는 혼란할 수밖에 없다.

균형조율의 방식은 시대마다 다르게 작용했다. 산업사회는 물질을 중심으로 사회의 균형을 유지하고자 했다. 그러나 그 결과로 오히려 불균형이 촉발되고 양극화가 심화되었다. 물질문명이 인류사회를 휩쓸자, 농촌문제, 도시문제, 인구문제, 교육문제 등이 야기되었다. 무엇보다 인간성이 파괴되면서, 사회 도처에서 병리적 현상들이 터져 나오고 있다.

이제 다시 근본으로 돌아가서, 우리 사회를 되돌아보자. 우리 자신과 사회를 살리는 유일한 길은 인간의 바른 도리를 성찰하고, 동시에 삶의 도리를 일상에서 실천하는 일이다.

01. 에머슨과 융합문명

동서문명은 끊임없이 교류하면서 발전해왔다.

물론 끊임없다는 말에는 상대적인 의미가 담겨 있다. 고대에는 무역, 종교, 정치 등의 특수한 목적에서 간헐적으로 때로는 정기적으로 교류가 이루어졌다. 본격적인 동서의 만남은 18세기 산업혁명으로 에너지 효율을 획기적으로 높이는 다양한 이동수단들이 개발되면서부터다.

인류 문명사에서 동서의 문명이 하나로 만나 거대한 문명의 원환을 이루었다고 전문가들이 평가하는 것은 미국의 출현이다.

아마도 많은 사람들은 미국이 영국의 청교도가 신대륙으로 건너가 건설한 나라로 알고 있을 것이다. 하지만 고고학적 연구에 따르면, 이미 4만 년 전에 아시아인들이 베링해협을 건너 아메리카 대륙으로 건너갔다는 사실이 입증되었다. 15세기 콜럼버스가 신대륙을 발견했을 때, 북아메리카에만 천만 명의 원주민들이 있었다고 한다.

또한 영국인들이 신대륙으로 이주하던 17세기 중반 무렵에는 네덜란드인, 프랑스인, 독일인 등 도처의 유럽인들이 자국의 이익을 위해 혹은 개인과 집단의 새로운 희망을 찾아 이미 그곳에 정착하고 있었다.

미국은 태생적으로 동서의 문명이 하나로 통합할 수밖에 없는 상황과 구조를 지니고 탄생했다. 그러나 소위 와스프(WASP), 즉 '백인 앵글로색슨족 개신교도(White Anglo-Saxon Protestant)'가 정치적 주류를 형성하면서, 미국의 융합문명이 왜곡되었다.

19세기 초까지 미국의 융합문명을 제대로 정립한 사상가가 없었다. 미국의 정신을 제대로 세운 사람은 에머슨(Emerson)이다. 에머슨은 서양의 물질문명과 동양의 정신문명을 하나로 통합한 초절주의를 창시했고, 그의 영향을 받은 문인들이 미국의 문예부흥을 주도했다.

현재의 미국은 다양성과 통일성의 모순을 하나로 통합한 에머슨의 정신에서 기인한다고 해도 과언이 아니다. 전 세계의 다양한 민족, 종교, 문화가 용해되어 오늘의 미국을 만든 원동력이 바로 에머슨의 정신에서 비롯되었다.

현재의 미국을 최첨단으로 이끈 워렌 버핏, 스티브 잡스, 빌 게이츠, 일론 머스크 등 각계의 주요 지도자들이 에머슨의 정신에서 큰 영감을 받았다. 에머슨의 정신이 바로 미국의 정신이라고 하는 이유다.

이 점에서 보면, 미국을 기독교 국가로 보는 시각은 잘못된 관점이다.

미국은 모든 종교를 아우르는 보편정신으로 하나가 된 나라다.

물론 시대에 따라 정치적으로 혹은 경제적으로 보편정신이 왜곡된 것은 사실이다. 지금도 그러한 일면이 많다. 하지만 미국을 현재의 거대 국가로 만든 원동력이 모순을 아우르는 통합정신에 있었다는 사실은 분명하다.

만약 미국이 에머슨이 제시한 포용의 정신을 상실한다면, 미국은 분열의 길을 갈 수밖에 없다.

에머슨의 융합정신은 생태적 통찰에서 비롯된다. 에머슨이 생존한 19세기는 최초의 대륙횡단철도가 준공된 때이기도 하다. 물질문명이 급속도로 전파될 길이 열리자, 자연과 인간의 생태적 균형이 급속도로 깨졌다.

물질주의로 인간은 본격적으로 물화(物化)되기 시작했다.

이 무렵 에머슨의 심정은 〈송시(Ode)〉에서 극적으로 잘 표현되어 있다. "물질이 말안장에 앉아,/ 인간을 몰고 있다." 생태계 파괴는 본질적으로 인간의 지나친 물질주의적 욕구의 산물이다. 소유 욕구가 결국 인간 스스로를 물질의 노예로 만들고 있는 것이다.

지금은 인류의 상황이 보다 심각하다.

물질문명의 최고봉이라고 할 수 있는 AI가 인간을 지배할 수 있는
특이점시대가 멀지 않았기 때문이다. 그러나 아직도 인간은 정신을
못 차린 채 물질적 욕구를 채우기 위해 서로 싸우고 있다.

인간이 진정으로 물질의 노예가 되지 않기 위해서는, 물질 중심의
이분법적 관념에서 벗어나는 길밖에 없다. 내가 《융합창의력과 인간
교육》에서 생태중심의 직관적 정신 회복을 주장하는 이유다. 수행문
화를 통해 인간의 정신을 깨울 필요성이 절실하다.

진정한 융합문명은 도덕 정신을 중심으로 물질적 융합을 이루는 데
달려있다.

02. 정도경영은 큰 수행이다

정도경영(正道經營)은 크게는 국가 경영에서, 작게는 소규모 기업 경영에 이르기까지 모든 경영의 핵심 가치다. 하지만 현실에서는 정도경영을 하면 오히려 손해를 보는 경우가 적지 않다.

이런 경험이 누적되면, 악화(惡貨)가 양화(良貨)를 몰아내는 경제법칙과 유사한 현상이 일어난다. 현재 우리 사회에서 벌어지는 일이기도 하다. 도덕적 해이와 비양심으로 인한 위험 신호가 사회 곳곳에서 감지되고 있다. 위험 신호가 임계점을 넘어가면, 사회의 몰락을 막기 힘들다.

AI가 사회의 모든 부조리를 해결할 것 같은 장밋빛 기대가 있다.

하지만 그것은 AI를 사용하는 사람들, 특히 각 분야의 최고경영자들이 보편적 윤리와 상생(相生)의 도리를 지킬 때 가능하다. 그렇지 않으면, AI 관련 산업을 장악한 소수가 사회 생태계를 극도로 통제할 수도 있다.

이러한 상황이 지속되면, 최대 효율만을 추구하는 경제원칙이 오히려 사회를 붕괴시키는 원리로 작용하게 된다. 마치 가장 강력한 힘을 지닌 암 종양이 인간 숙주를 죽이고 암 자체도 사멸하듯이, 우리 사회도 암적 존재들에 의해 그러한 과정을 겪을 수밖에 없다.

AI가 악용되면, 삶의 조건이 노예 상태로 전락할 수도 있다.

이것은 누구도 예외가 아니다. 물론 창과 방패의 논리처럼, AI를 활용한 선악의 대결이 있을 것이다. 하지만 인류의 상황은 그 대결을 지켜보고만 있을 여유가 없다. 더구나 우리는 인류문명사적 변화에 준비가 돼있지 못하다.

그럼에도 우리는 사회의 근본 문제를 해결하기 위해 서로 협력을 하기 보다는, 서로 남 탓하기에 바쁘다. 역사적으로 몰락한 사회의 사례를 보면, 지도자들이 눈앞의 이익과 자기 안위만을 우선해서 사회의 붕괴에 일조하고 있다는 공통점이 있다.

우리 사회의 문제를 해결하기 어려운 것은 법과 제도가 폐쇄형 산업사회의 틀에 맞게 설계되어 있기 때문이다. 법과 제도를 바꾸는 일은 그와 관련한 산업 생태계를 전환하는 작업이기 때문에, 밥그릇 싸움이 불가피하다.

사회생태학적 조건을 갈등에서 소통으로 끌어올리기 위해서는, 거의 수행 차원에서, 최고경영자들이 강인한 정신과 지혜를 발휘할 수밖에 없다. 조화로운 세상을 추구한다는 점에서, 정도경영은 큰 수행이다.

정도경영의 가장 필수적인 조건은 인재경영이다.

한때 우리는 한강의 기적이라고 불리는 경제 발전을 이루었다. 자원도 없는 우리나라가 그러한 발전을 이룩한 요인은 국가적 차원의 경제계획과 과감한 투자 못지않게, 교육을 통한 인재양성에 집중했기 때문이다. 아직도 그 열기는 식지 않아서, 초등학교부터 입시교육의 열풍이 후끈하다.

하지만 문제는 현재의 교육 열풍이 시대의 흐름과 맞지 않다는 사실이다. AI가 대체할 수 있는 분야나 직종에 인재가 집중되는 현상은 바람직하지 못하다. AI시대를 대비해서 부분과 전체의 유기적 통일성을 고려한 인재의 균형관리가 시급하다.

인류사회의 변화를 가장 심오하게 논하고 있는 학문이 역학(易學)이다. 우리는 모두 대박을 쫓고 있지만, '대박'은 '쪽박'이라는 사실을 주역은 예시하고 있다. 현재 큰돈을 받거나 인기를 끄는 분야는 장래에는 인기나 가치가 없는 상태에 직면할 수 있다.

현자(賢者)는 사람들이 많이 몰리지 않는 분야에서 미래를 준비하는 법이다. 그런 측면에서 가까운 미래에 첨단과학 분야 못지않은 첨단융합사업이 될 영역은 수행의 원리와 방법을 인간교육으로 전환하는 수행정신문화 사업이다. 근본적인 인식전환이 물질과 정신을 연결하는 융합산업의 전제조건이기 때문이다.

무엇보다 수행문화가 경영문화로 정착되어야, AI를 바르게 활용해서 인류사회의 모순과 갈등을 해결하고 서로 상생하는 융합문명사회를 개척할 수 있다.

임박한 융합문명시대를 대비하고, 무엇보다 우리 사회의 문제를 근본적으로 해결하기 위한 방법으로, 물질적 효율 중심에서 벗어나서 물질과 정신의 생태적 균형을 잡는 방식으로 인간교육을 정립할 때가 되었다.

이 점에서, 인간의 품성과 의식수준을 높이는 인간교육 전문기관이 필요하다.

사람을 키우는 경영이 정도경영의 최우선 과제다. 모든 조직의 미래는 결국 구성원의 의식에 달려있기 때문이다. 종교사상을 통섭하고 보편정신을 추구하는 인간교육은 교과 중심의 전문교육에서 분리하고, 무엇보다 정치의 영향에서 자유로운 위치를 확보할 때 성공할 수 있다.

우리는 위기상황에서 하나로 뭉치는 저력을 지니고 있다.

우리 사회의 위기를 발전의 기회로 삼기 위해서는, 모든 분야의 지도자들이 함께 보편적 인간교육을 논의할 때다. 특히 정치 분야에서는, 객관적 자료에 근거해서 보편적 도덕의식이 일정 수준에 못 미치는 사람은 엄격한 인간교육 과정을 통과해야 입후보할 수 있도록, 법적 제도적 장치를 마련하는 것도 한 방법이다.

03. 인구문제와 농촌문제의 근본 해법

우리나라는 현재 세계 최고 수준의 인구감소율을 보이고 있다. 2023년 4분기에는 출산율이 역대 최저수준인 0.65명을 기록했다. 인구감소를 막기 위해 2006년부터 투입하기 시작한 예산의 누적 규모가 무려 300조원에 이르지만, 별다른 실효성이 없었다.

그 이유가 무엇일까?

저출산을 막기 위한 대책과 예산편성이 근본 원인에 집중되지 않고, 주로 외형적인 부분에 치우쳤기 때문이다. 더욱이 각 부처에 간접지원 방식으로 예산을 배정했고, 그나마도 부처별로 보여주기식 편성이었다. 최근에 현금지원을 포함한 다양한 지원책이 나오고 있지만, 문제의 본질에서 벗어나 있다.

인구문제를 해결하기 위해서는, 크게 두 가지 측면에서 근본적인 관점의 전환이 필요하다.

첫 번째, 인간은 존엄한 존재다. 인간은 정신적 존재이기 때문에, 인간의 존엄성 측면에서 문제를 통찰해야 한다. 그동안 우리는 산업문명의 최첨단을 향해 달려왔다. 덕분에 전체 평균의 소득 수준과 물질적 환경은 개선되었지만, 도시 중심의 삶의 질은 양극단으로 크게 차이가 심하다. 또한 내적 가치보다는 외형적 성과가 실적평가의 기준이었기 때문에, 개인의 존엄성보다는 역할과 효율이 중요했다. 인간이 하나의 상품처럼 잠시 사용되고 버려진다면, 인간 존재의 의미가 상실된다.

두 번째, 인간은 생명을 지닌 존재다. 인간은 자연의 일부로서 자연의 생명력과 더불어 생명주기를 갖고 있다. 그러나 물질문명의 부품으로 전락한 인간은 자연의 생기(生氣)가 없다. 더불어 생명활동을 위축시키는 환경과 각종 오염은 남성의 생식능력을 저하시키고 있다. 또한 결혼 연령이 갈수록 늦어지고 있기 때문에, 난소 세포의 자연 사멸에 따라 여성의 임신율이 떨어질 수밖에 없다. 콘크리트 속에 갇힌 도시적 삶의 방식에서는 인간은 자연의 생명력을 회복하기 힘들다.

인구문제는 구조적으로 농촌문제와 직접 연관된다.

우리사회가 물질과 정신 양면에서 불균형을 이룬 직접적인 원인은 도시와 농촌의 균형이 깨진 데 있다. 생명의 원초적 정신과 에너지를 이루고 있는 농촌이 붕괴되자, 도시의 삶도 그만큼 각박하고 황폐화되었다.

따라서 인간의 존엄성과 생명력이란 두 가지 근본적 관점에서 농촌의 문제를 구조적으로 해결함으로써, 역으로 도시의 각종 문제를 비롯해서 인구문제를 해결할 수 있다. 여기서 농촌은 농산어촌을 대표하는 말이다. 인간다움에서 비롯되는 생명력은 자연생태계와 사회생태계를 동시에 살릴 때 향상된다.

AI의 발달로 사회 전반의 구조와 시스템을 새롭게 전환할 수밖에 없는 시대가 왔다. 인간교육과 수행문화의 관점에서, 패러다임 전환이 갖는 위기를 기회로 바꾸는 몇 가지 제안을 하고 싶다.

첫째, 기업과 정부 차원에서 주말이 있는 삶을 장려하길 바란다.

AI기술을 활용하면, 생산성 향상, 노동시간 단축, 그리고 인력의 효율적 재배치가 가능하다. 이때 발생하는 잉여 인력을 ESG경영 차원에서 기업과 정부가 농촌지역에서 새로운 일자리를 만드는 노력이 필요하다.

농촌에 인력을 재배치하고, 그 인력을 통해 전원의 기능을 살리면 좋겠다. 제2의 새마을운동처럼 국가 대전환의 기회로 삼을 수 있다. 예를 들어, 직원의 생산성 향상과 국민의 복지 차원에서, 도농융합 생활시스템을 만들어 보자.

어린 자녀를 둔 사람들에게 농촌으로 초등학교 유학을 장려하는 것도 바람직하다. 아이는 자연과 가장 가까운 존재다. 청소년기에는 자연 속에서 인간교육을 통해 개인의 잠재력과 생명력을 함양하는 것이 무미건조한 지식을 쌓는 것보다 AI시대를 대비하는 데 경쟁력이 높다. 이 기간 동안 부모도 문명전환에 맞는 새로운 인식전환과 활력을 얻을 수 있다.

둘째, 도시 근로자들이 은퇴 이후 농촌에서 제2의 인생을 살 수 있는 다양한 정책을 개발하길 바란다.

예를 들어, 경험과 지혜가 많은 은퇴자들에게 도시에서 유학 온 아이들을 지도할 수 있는 기회를 준다면, 세대 간 연대의식이 좋아지게 된다. 이 부분은 노인문제 해결에도 도움이 된다. 특별히 유전적 요인이나 사고가 아니라면, 건강한 노인은 웰리빙(Well-living)과 웰다잉(Well-dying) 측면에서 전원이 도시보다 환경적으로 좋다.

노인이 자연의 기운을 접하고 생활하면, 예방의학 차원에서 깊은 효과를 볼 수 있다. 무엇보다 노인은 자연적 환경 속에서 가장 존엄한 죽음을 맞이할 수 있다.

셋째, 지방의 고유한 문화전통을 살리길 바란다.

우리나라는 사계절이 뚜렷하고 산과 물이 좋은 환경을 품고 있어서,

지역별로 약용 동식물이 잘 자라고, 더불어 독특한 음식과 생활문화가 발달해 있다. 하지만 이러한 문화적 장점을 살리지 못하고, 천편일률적인 농촌 구조를 지니고 있다.

각 지역의 문화전통에 맞는 특색 있는 의식주 문화를 아우르는 농촌을 새롭게 설계하면서 심신통합 교육문화를 잘 융합하면, 인류사회를 통섭하는 건강교육문화 대국을 건설할 수 있다.

도시와 농촌의 균형이 인구문제 해결의 기초가 된다.

무엇보다 먼저 도농을 통합한 생태적 사회시스템을 갖추는 것이 시급하다. 사회의 기초를 단단히 바로 잡는 일은 생명의 뿌리를 튼튼히 하는 것과 같다. 생명력을 강하게 한 이후에, 인간교육과 수행문화를 통해 삶의 존엄성을 회복한다면, 인구문제는 자연스럽게 해결될 수 있다. 더불어 농촌과 도시의 생태적 공생이 가능해진다.

04. AI시대 교육 해법, 인간교육

교육의 본질은 개인의 잠재된 능력을 끌어내어 실현시키는 데 있다. 개인의 개성을 온전히 드러내기 위해서는 총체적인 접근 방법이 필요하다. 어떤 특수한 교육만으로는 개인의 성향을 조화롭게 개발할 수 없다.

그러나 지금의 교육은 총체적 인간성보다는 특수한 분야의 기술자를 만드는 데 집중되어 있다. 산업혁명 이후 전 세계 교육은 서구 중심의 분업화된 교육에 함몰되었다. 모든 영역에서 시험으로 평가하고, 점수에 따라 전문 인력의 등급을 매긴다. 각 분야별로 차등화된 인간의 가치가 사회구조를 형성하고 있다.

문제는 그 가치가 AI시대에 맞지 않는 데 있다.

예로부터 교육은 입신양명의 수단이었다. 한마디로 모두가 물질적으로 성공하기 위해 교육에 몰두했다. 그렇다면 AI시대 어떤 사람이 가장 성공할 것인가? 이 문제의 해답을 록펠러의 사례에서 엿볼 수 있다. 미국에 자동차가 보급되기 시작하자, 록펠러는 자동차의 필수 연료인 석유를 장악해서 자동차 산업을 주도한 헨리 포드보다 많은 돈을 벌었다.

이 사실을 비추어보면, AI시대 가장 경제적인 사업이 무엇인지 알 수 있다. AI 자체를 개발하는 것보다, 그것을 바르게 활용해서 인간 만이 할 수 있는 영역을 개발하는 일이 훨씬 부가가치가 높은 사업 이라고 생각된다.

그렇다면 AI가 구현할 수 없는 인간의 가치는 어디에 있을까?

나는 《융합창의력과 인간교육》에서 인간이 AI와 다른 차이점을 6가 지로 제시한 바 있다. 첫째, 인간은 독특한 생명력을 지니고 있다. 둘 째, 인간은 무한한 교감능력이 있다. 셋째, 인간은 도덕의식이 있다. 넷째, 인간은 평화의식을 갖고 있다. 다섯째, 인간은 무의식이 있다. 여섯째, 인간은 영성(靈性)을 지니고 있다.

인간 본연의 특성들을 함양하는 인간교육이 교육의 중심이 될 때, 물질과 정신을 조화시키는 융합창의력은 향상되고, 우리나라는 융 합문명을 선도하는 국가가 될 수 있다.

인간교육을 통해 몸과 마음과 삶의 조화를 이루어내면, 인간의 생명 력과 교감능력은 극도로 향상될 수 있다. 보편적 도덕의식과 평화의식은 개인의 각성이 사회로 확장될 때 가능하다. 무의식과 영성의 개발은 인간교육을 넘어 수행의 차원에서 해결할 수 있는 문제다.

인간교육과 수행은 서로 밀접하게 연관되어 있다.

인간의 독특한 생명력에서부터 평화의식의 함양까지는 융합문명의 시대를 여는 인간교육의 토대를 이룬다. 무의식과 영성을 깨우는 일은 인간교육의 토대 위에서 의식의 극적 상승을 이룰 때 가능하다. 서구의 관념적 교육으로 올라갈 수 있는 최고 단계는 평화의식이다.

개념적 사고는 아무리 발전해도 관점의 변화일 뿐, 물리적 한계를 벗어날 수 없다. 양자컴퓨터가 상용화되면, 인간은 관념적 사고방식으로는 AI를 상대할 수 없다.

특이점 시대가 오면, 의식혁명이 일어날 수밖에 없다. 인간의 관념을 근원적으로 깨는 의식의 대전환이 이루어져야, 인간은 AI에 종속되지 않기 때문이다. 물리적 한계를 벗어나려면, 고대 동양의 수행문화가 필요하다.

수행문화가 보편화되면, 의식혁명을 통해 물질과 정신을 융합한 신인류가 등장할 수 있다.

이때 비로소 융합문명사회를 넘어 초융합문명사회가 이루어진다.

물론 인류 전체가 성인(聖人)에 버금가는 의식 수준이 될 수는 없다. 21세기 문명사회에서도 지구 한 편에서는 아직도 원시종족이 있는 것처럼, 그때도 무지몽매한 인간들은 여전히 있을 것이다.

AI는 교육의 관점을 근본적으로 변화시키고 있다.

앞으로 AI를 상대해서 정보나 기술로 이길 수 있는 인간은 없다. 인재 등용 방식의 근본적인 변화가 필요한 시점이다. 지금과 같은 시험제도는 본질과 현상을 함께 통찰할 수 없는 단편적인 교육, 일방적인 교육행정 시스템, 그리고 과대 포장된 교육산업 등을 계속 양산할 수밖에 없다.

어찌 보면, 시험제도가 교육의 본질을 망치고, 본질에서 소외된 인간을 만들고 있는 셈이다. 마치 동양에서 인재등용의 방법으로 활용된 과거제도가 동양사회를 경직시키고, 결국 파국으로 이끈 것과 다름이 없다.

시험제도를 혁명적으로 바꾸는 길이 교육을 근본적으로 전환하는 가장 빠른 방법이다. 그러나 초중고에서 대학까지 시험제도를 없애는 것은 쉽지 않다. 이와 관련한 정부의 교육제도와 민간 교육사업의 조율이 만만치 않기 때문이다. 그럼에도 방법은 있다.

기업의 직원채용 방식을 완전히 바꾸면 된다.

예를 들어, 인간교육의 수준 정도를 중심으로, 해당 분야의 전문성, 융합창의력 등이 균형을 이루고 있는가를 선별 기준으로 삼을 수 있다. 기업의 입사 방식이 바뀌면, 자연스럽게 학교의 시험제도도 바뀌게 된다.

지금까지의 교육은 양면성을 지녔다.

공동체 발전에 기여한 인재의 양성도 많이 했지만, 사회악을 키우는 측면도 적지 않았다. 시험점수만 높은 일그러진 영웅들이 조직사회를 망친 사례를 우리는 그동안 많이 보았다. 사회의 양극단을 조화롭게 조율하는 균형인재 양성에 교육의 목적을 둘 때, 우리 사회는 지속가능하다.

인간교육으로 교육의 균형을 잡자.

05. 무엇이 성공인가

사회 구조의 근간을 떠받치고 있는 것은 사람들의 의식 구조다.

우리 사회가 모순과 갈등으로 크게 요동치는 것은 사람들의 의식이 조화롭지 못하다는 방증이다. 사회의 균형이 무너진 가장 강력한 실질적인 원인은 성공에 대한 그릇된 인식이라고 할 수 있다.

성공은 경제적 관념과 직결된다.

우리는 영어 'economy'를 경제(經濟)라고 번역한다. 본래 이 영어 단어의 의미는 생산, 분배, 소비 등에 관련한 활동을 뜻한다. 한마디로 일체의 상업 활동이다. 그러나 경제는 경세제민(經世濟民)을 줄인 용어로, 세상을 다스리고 사람들을 구한다는 의미가 내포되어 있다. 이러한 뜻에 따르면, 널리 사회를 이롭게 하는 경제활동을 할 때, 진정한 성공을 이룬 것이다.

우리가 진정한 성공을 추구하고 있는지 성찰해볼 일이다.

많은 나라 사람들이 아메리칸 드림을 꿈꾸었었다. 미국에서 근대 자본주의 정신의 토대를 만든 인물은 18세기 계몽주의자인 프랭클린 (Benjamin Franklin)이다. 그는 합리적인 방식과 정신적 노력이라는 과정을 통해 결과적으로 얻는 부를 소중이 여겼다.

그러나 산업혁명의 거센 폭풍이 신대륙에 휘몰아치자 건전한 정신은 사라지고, 과정보다는 결과를 더 중시하는 풍조가 미국 사회에 만연하게 되었다. 이때 다시 한 번 미국의 정신을 바로 잡은 사람이 19세기 초절주의자 에머슨이다.

참고로 에머슨의 시(詩)로 널리 알려진 〈무엇이 성공인가〉의 끝부분을 보면, 성공의 일상적 의미를 엿볼 수 있다. "세상을 조금이라도 더 좋게 만들고 떠나는 것/ 자신이 살아온 행적으로 인해서/ 단 한 사람의 인생이라도 행복해지는 것/ 이것이 진정한 성공이다." 사실 이 시는 에머슨이 지은 시가 아니라, 미국인들 사이에서 자발적으로 개작이 되면서 에머슨의 사상으로 승화된 시다. 평범한 일상 속에서 성공적인 삶을 추구하는 점에서, 에머슨의 정신을 잘 표현하고 있다.

에머슨은 물질문명을 부인하지 않고 자연과 인간사회의 공존을 추구하는 사회생태주의적 입장을 취하고 있다.

그러나 일상의 환영 같은 물질의 현상을 통해, 그가 궁극적으로 추구하는 것은 영원한 본질인 진리다. 그는 진정한 삶의 의미가 진리를 깨닫는 데 있다고 말한다. "인생이라는 향연에서 최고의 날은 마음의 눈이 만물의 통일성과 법칙의 편재성을 바라보기 시작한 날이다."

에머슨의 말은 "아침에 도를 들으면, 저녁에 죽어도 좋다(朝聞道, 夕死可矣)."고 한 공자의 말씀과 그 맥락이 다르지 않다. 에머슨은 인생을 진리를 향한 수습기간으로 보았다.

에머슨을 미국의 공자라고 부를 만한 충분한 근거가 있다.

에머슨의 집에서 지내면서 동양의 정신을 배운 생태주의자 소로우(Henry David Thoreau)는 실질적인 심층생태주의를 견지하고 있다. 그는 걸작《월든》에서 숲에 들어간 이유를 밝히고 있다.

"인생의 본질만을 직면하고, 인생의 가르침을 내가 배울 수 있는지 알아보고, 그리하여 마침내 임종시에 내가 진정한 삶을 살았는지 알기 위해서였다."

소로우는 생태주의적 삶을 통해 가장 경제적인 삶이 무엇인지를 우리에게 보여주고 있다. 우리는 성공을 위해 몸부림치고 있지만, 실제로는 자신의 소중한 인간성과 건강을 상실하는, 가장 비경제적인 삶을 살고 있다.

성인(聖人)들의 삶은 한결같이 진리를 향하고 있다.

예수는 우리가 완전한 사람이 되길 주문했다. "진리가 너희를 자유롭게 할 것이다."라는 예수의 말씀은 인간이 추구해야 할 최고의 가치가 진리임을 선언한 것이다. 궁극적으로 석가는 위없는 깨달음인 무상정등정각(無上正等正覺)을 이루는 구체적인 원리와 방법을 말씀했다.

우리가 세상에 나온 이유는 단순히 물질적으로 잘 살기 위함이 아니다. 물질의 의미는 그로 인한 고통이 인간을 각성시키는 데 있다. 물질은 진리에 이르는 수단일 뿐이다. 그러나 안타깝게도 지금은 물질이 삶의 목적이 되었다.

AI시대에 대한 우려와 기대가 있다. 가장 큰 우려는 아마도 AI가 기존의 사회 시스템을 붕괴시킬지도 모른다는 두려움일 것이다. 그 두려움을 종식시키는 가장 근본적인 대책은 변화의 흐름을 대비하는 시대의 정신을 갖추는 일이다.

크게 부흥한 나라는 한 가지 공통점이 있다.

새로운 시대의 정신에 일찍 눈을 뜨고, 그 흐름을 주도했다는 점이다. 예를 들어, 영국은 종교혁명과 문예부흥의 자양분을 통해 자라난 인문과학정신을 바탕으로 산업혁명을 주도했다. 미국도 중세유

럽에 버금가는 종교개혁과 미국의 문예부흥을 통해 국가 정신의 토대를 다졌다.

그 중심에 있던 에머슨은 동서양 종교사상을 통합한 보편정신을 제시했다.

AI가 초래하는 문명의 패러다임 전환에서 살아남고, 도래하는 융합문명사회를 선도하려면, 우리는 보편적 정신문화를 확립해야 한다. 더 이상 대립할 시간이 없다. 우리 사회를 소통시키는 정신혁명이 우리가 살 길이다. 정신혁명의 기준은 양극단을 조율한 진실한 삶이다.

진리의 눈을 뜨고 진실한 삶을 영위하는 것이 진정한 성공이다. 그리고 그것이 AI의 남용을 막는 최선의 길이다.

06. AI에 부여할 보편윤리

AI는 인류에게 긍정적인 가능성과 더불어 부정적인 위험성을 동시에 제공할 수 있다. AI가 이제껏 해결하지 못한 인류의 문제들을 해결할 것이라는 장밋빛 기대가 있다. 하지만 반대로 AI가 인류사회를 파괴할지도 모른다는 공포심이 상존하고 있다. 어떤 결과가 전개될지는 알 수 없더라도, 분명한 것은 이미 시작된 AI 개발을 막을 수 없다는 사실이다.

인류의 역사는 도전과 응전을 끝없이 반복하고 있다.

인류는 새로운 AI 문명에 끊임없이 도전하고, 그로부터 파생되는 문제에 맞서 계속해서 싸울 수밖에 없다. 과학기술의 산물이 가져올 위기를 기회로 전환해서, 앞으로 나아갈 수밖에 없는 것이 인류의 숙명이다.

인류문명의 변화를 이끈 발명품은 양날의 검과 같다.

예를 들어, 자동차의 발명으로 인류는 편리한 이동수단을 얻었지만, 그에 못지않게 인명 피해도 만만치 않았다. 자동차가 주는 피해를 막는 근본적인 예방책은 자동차 기술의 개선 못지않게 운전자의 윤리적 판단을 높이는 일이다.

마찬가지로 AI의 잠재적 위험을 근본적으로 막는 길은 AI 기술개발에 앞서 관련 개발자, 사업자, 정책 담당자, 그리고 사용자 모두가 보편윤리의식을 함양하는 일이다. 결국 과학기술 자체보다는, 그것을 사용하는 사람들의 의식과 태도가 중요하다.

그렇다면 인공지능시대에 맞는 보편윤리의식을 어떻게 도출할 것인가?

이 문제는 그리 간단한 문제가 아니다. 왜냐하면 다양한 민족, 종교, 문화 사이에는 보편성보다는 차별성이 상대적으로 크게 부각되기 때문이다. 상대적 관계의 차이에서 비롯되는 모순과 갈등은 심각하게 사회의 안정과 질서를 위협하고 있다. 이 때문에 보편윤리의식의 도출을 이해 당사자들에게 맡기면, 또 다른 논쟁과 다툼에 봉착할 수밖에 없다.

갈등의 요인을 미리 제거하는 일이 현명하다. 문제의 핵심에 문제의 답도 있는 법이다. 그런 의미에서, AI 상용화의 필수조건인 보편윤리 도출에 AI를 활용하는 것이 바람직하다.

성인(聖人)들의 말씀에 미래사회를 대비하는 답이 있다.

성인들은 상황에 따른 방편의 말씀도 했지만, 모든 현상을 일이관지(一以貫之)하는 본질의 이치와 도리에 관한 말씀도 했다. 모든 것을 하나로 꿰는 이치와 도리가 바로 중도, 중용, 황금률로 표현되는 보편성이다. 표현만 다를 뿐, 그 의미는 동일하다. 모순과 갈등으로 막힌 상태를 역으로 균형조율해서 소통시키는 데 보편윤리의식의 의의가 있다.

AI를 활용해서 모든 성인의 말씀을 분석하고, 공통점에서 보편윤리를 끌어낼 수 있다. 보편윤리를 수학적 알고리즘으로 만들어 AI에 코딩하면, 보편성을 확보할 수 있다. 물론 그와 동시에 AI를 통해 인류의 모든 인문철학, 과학철학, 역사 자료, 유물 등을 데이터베이스화(化) 하는 과정이 필요하다.

보편윤리의 기준을 융합문명사회의 각 영역에 적용하면, 실생활에서 활용 가능한 세부 준칙을 이끌어낼 수 있다. 물론 보편윤리를 개별 조건과 상황에 맞게 세분화 하는 일에도 균형조율의 원칙이 적용된다.

보편윤리의식을 도출하는 과정에서, 인류사회의 소통을 막았던 편견과 오해를 동시에 제거하는 모멘텀이 마련될 수 있다. 빛이 오면, 어둠은 사라지는 법이다. 보편윤리의 빛이 편견과 오해의 어둠을 몰아낼 것이다.

이 과정에서 중요한 관건은 동서양을 관통하는 융합통찰력을 새롭게 정립하는 일이다. 서양의 문제 해결 방식은 정반(正反)의 갈등과 충돌을 거쳐 합(合)을 이끌어내는 것이다. 논쟁과 싸움이 불가피한 정반합의 관념체계로는 모순과 갈등을 근원적으로 해결할 수 없다. 항상 불씨가 남아있을 수밖에 없다. 서양이 주도하는 융합문명사회는 물질 중심의 상대적 융합의 한계를 벗어날 수 없다.

뭔가 새로운 돌파구가 필요하다.

온고지신(溫故知新)의 지혜를 빌리자면, 융합문명의 시대에 걸맞은 융합사상의 선례를 가장 가깝게는 초절주의를 주창한 에머슨에게서 찾을 수 있다. 에머슨은 동서문명의 만남으로 이루어진 미국의 정체성을 확립하고자, 동양과 서양의 양극적 요소들을 모두 포용하고 초월하는 양면적 태도를 취했다. 그럼에도 초절주의는 상대적 관념에서 완전히 벗어나지 못했다.

그것은 초절주의 속에 상대적 의식의 한계를 넘는 수행체계가 없기 때문이다.

완전한 융합사상의 원형은 고대 동양의 수행문화에서 찾을 수 있다. 예를 들어, 고대에는 농사일에도 인문, 천문, 의학 등의 지혜가 총망

라되었다. 농사를 통해 천지인(天地人)이 하나가 될 수 있었다. 물질과 정신이 총체적으로 융합된 통일성의 세계가 우리가 지향할 곳이다.

문명의 흐름이 다시 통일성의 세계로 돌아가고 있다.

상대적 관념을 탈피해서 총체적 직관을 되찾기 위해서는, 고대 동양의 수행정신을 회복하는 길밖에 없다. AI에 보편윤리를 부여하는 일은 결국 인간의 정신을 근본적으로 깨우는 정신혁명으로 승화될 것이다.

07. 인간교육

교육이 미래사회를 대비하는 데 가장 중요한 근간을 이룬다는 사실에는 누구나 동의한다. 현재의 교육상황을 보면, 미래를 예상할 수있기 때문이다. 현재 우리 교육이 당면한 문제를 풀기 위한 많은 제안과 시도들이 있다.

하지만 안타깝게도 대부분 표면적인 시스템이나 형식에 집중돼 있을 뿐, 교육의 근본 목적이 인간성 구현이라는 사실을 놓치고 있다. AI시대에 인간의 독특한 개성과 보편적 본성이 더욱 중요해지고 있지만, 우리 교육에는 인간에 대한 이해를 바탕으로 개인의 잠재력을 향상시키는 과정이 거의 없다.

여기에는 학문 간 통섭이 어려운 폐쇄적인 구조도 한몫을 하지만, 무엇보다 서양의 교육방식에 갇혀있는 점이 인간성의 본질적 구현을 막는 가장 큰 장애다.

교육은 어떤 특정한 분야를 파고드는 전문교육과 전문지식을 뒷받침하는 일반 교양교육으로 나눌 수 있다. 산업화시기에 상대적으로 무시되었던 교양교육이 AI의 등장으로 새롭게 부각되고 있다. 대학에서 자율전공학부를 확대하고 있는 것은 이와 무관하지 않다.

AI시대에 창의력이 높은 인재를 양성하는 일은 특정 전공에 얽매이지 않고, 학문적 소양을 넓고 깊게 할 때 가능하기 때문이다. 자율전공이 그 의미를 제대로 살리기 위해서는, 생기 없는 이론 위주의 교육이 아닌 삶속에 생동하는 인간교육이 전제돼야 가능하다.

여기서 말하는 인간교육은 인성교육과는 차원이 다르다.

지금까지의 인성교육은 단편적인 지식이나 형식 위주의 정신교육이 대부분이다. 예를 들어, 공자, 맹자를 관념적으로 이해하고, 형식적인 예절을 실습하는 정도다. 물론 윤리도덕과 질서를 익히는 의미도 있지만, 남성 중심의 편향적 가르침은 양성평등의 융합문명사회에 맞지 않다.

주자의 성리학은 불교와 도교를 차용해서 유학의 품격을 종교로까지 높인 듯이 보이나, 실상은 공자의 진솔한 인문정신을 상실했다. 지금의 종교사상은 형식과 표현의 경계에 갇혀 있다. 사실상 서양의 이분법으로 총체적 진리를 분열시키고 있다. 다른 성인(聖人)의 가르침처럼 공자의 학문은 일상의 삶에서 이원적인 관념을 벽을 허물고, 진리의 실상을 깨닫는 데 그 목적이 있다.

인간은 물질적 환경의 제약을 받는 한계성과 온갖 의식의 경계를 넘어가는 영원성을 함께 가지고 있다.

인간의 양면적 존재상황은 인간의 선택과 의지에 따라 인간을 구속하는 한계가 될 수도 있고, 한계를 극복하는 역동적 추진력으로 작용할 수도 있다. 인간교육은 인간의 양면성을 역으로 이용하는 데 묘미가 있다. 말하자면, 물질을 수단으로 영원한 본성을 추구하는 것이다.

일차적으로 인간의 한계를 극복하기 위해서는, 심신 양면에서 건강을 유지해야 한다.

건강은 힘이 넘치는 것을 의미하지 않는다. 건강은 조화로운 삶을 사는 데 최적화된 심신의 상태를 뜻한다. 오히려 지나친 건강은 자신을 해치는 요인으로 작용할 수 있다. "칼을 쓰는 사람은 칼로 망하는 법이다."라는 예수의 말씀이 있듯이, 넘치는 힘을 과용하면 자신을 망치게 된다.

백세 장수시대라는 말이 무색할 정도로 우리 사회에 환자들이 넘쳐나는 이유는 몸의 에너지와 마음의 생각을 안정적으로 관리하지 못하기 때문이다. 건강관리뿐만 아니라 인생경영 차원에서도, "지나침은 미치지 못함과 같다(過猶不及)."고 한 공자의 말씀을 음미해볼 필요가 있다.

인간교육의 핵심은 심신의 균형관리다.

심신이 균형작용을 하면, 의식이 고요해진다. 여기서 정신을 더욱 고양하려면, 유불도가 공통적으로 제시한 수행의 원리와 방법이 필요하다. 수행과 인간교육은 인간의 정신을 승화시키는 좌우의 날개와 같다.

평정심을 회복하면, 모든 현상의 표면과 이면을 평등하게 관찰할 수 있다. 이때 비로소 현상과 본질의 도리를 동시에 이해하게 된다. 물론 이해하는 것과 실제로 체득하는 것은 별개의 문제다. 그러므로 각자 자신의 일상 속에서, 공자의 말씀인 '배우고 때에 맞게 실천하는 것(學而時習之)'이 인간교육을 완성하는 실질적인 방법이다.

인간사회에는 이상과 현실, 개인과 공동체, 개인의 자유와 사회적 규범 등의 경계 사이에서 모순과 갈등이 끊임이 없다. 세상이 정체되어 있지 않고 끝없이 유동하기 때문에, 모순과 갈등으로 인한 사회의 불균형은 인간의 운명일 수밖에 없다.

인간이 짐승과 다른 점은 불균형을 균형으로 전환하는 의지와 지혜가 있다는 점이다. 균형과 불균형의 시소게임을 조율하는 정도에 따라 인류사회의 평화와 발전이 좌우된다.

균형조율이 인류사회를 지속가능하게 하는 가장 중요한 가치다.

균형조율은 또한 성인(聖人)들이 말씀한 중도, 중용, 황금률과 같은 의미다. 개인과 인류사회 모두를 위해서, 인간교육은 균형조율의 능력을 향상하는 데 핵심을 두어야 한다. 몸과 마음과 삶을 균형조율하는 과정을 통해, 우리는 균형의식을 체득할 수 있다.

균형의식이 고양되는 과정에서, 불완전한 인간은 점차 완전한 인간으로 거듭나게 된다. 이 점에서, 인간교육은 지덕체(智德體)를 조화롭게 발달시키는 전인교육(全人敎育)과 지향점이 같다.

08. 융합창의력

AI는 인류의 문명을 다른 차원으로 이끌고 있다.

새로운 문명의 가장 큰 특징은 모든 정보를 하나로 연결하고, 통섭해서 새로운 융합문명을 만든다는 사실이다. 그래서 많은 전문가들이 AI시대를 대비하는 교육으로서 창의융합력 함양을 강조하고 있다. 창의융합력의 강조점은 물질적 융합에 초점이 맞춰져 있다.

그러나 AI가 인간을 대체하는 문질문명의 극한상황을 대비하기 위해서는, 정신문화가 보다 중요하다. 따라서 물질의 경계 내에서 맴도는 창의융합력의 지향점을 반대로 돌려서, 정신에 중심을 두는 교육이 필요하다. 나는 생명의 근원적 창조정신을 이끌어내는 능력을 융합창의력이라고 정의한다.

물질적 융합을 수단으로 삼아, 정신의 근본을 추구한다는 의미가 융합창의력에 담겨있다.

융합창의력이 추구하는 방향은 창조적 정신이지만, 시작은 물질적 토대 위에서 할 수밖에 없다. 왜냐하면 인간은 물질인 육체에서 벗어날 수 없기 때문이다. 그리고 육체는 마음 밖에서 따로 존재할 수 없다.

그런데 문제는 몸과 마음이 환경, 유전, 생활습관 등의 영향으로 순수한 상태가 아니라는 사실이다. 더불어 개인마다 심신의 청정도가 다르기 때문에, 세상의 모든 것은 개인의 의식 속에 각기 다르게 투영된다.

따라서 관념의 장벽을 허물고 서로 소통하기 위해서는, 객관적 시각을 갖는 일이 무엇보다 중요하다. 균형의식을 회복하는 기초는 심신의 상태를 청정하게 유지하는 일이다. 의식이 균형을 이룰 때, 정신은 사물의 본질을 꿰뚫고 새롭게 융합하는 창조력을 발휘할 수 있다.

그렇다면 균형의식은 어떻게 기를 것인가?

그 방법은 육체로부터 시작해서 정신으로 확대하는 길밖에 없다. 그러므로 육체적 감각의 균형을 잡는 기초 교육과정이 중요하다. 균형의식은 보고, 듣고, 맛보고, 냄새 맡고, 몸으로 느끼는 5감각의 토대 위에서 형성된다. 오감의 균형활동을 통해, 유아기와 소년시절에 균형감각은 거의 완성된다.

그러나 아이들마다 육체적 환경적 조건이 다르므로, 균형감각도 각자 다르다. 잘못된 생활습관은 방치되면 평생 동안 지속되기 때문에, 유치원과 초등학교 단계에서는 모든 학습 과정을 통해 생활습관 교육에 중점을 두는 것이 좋다.

감각을 조절하는 능력이 길러지면, 의식의 균형을 잡는 단계로 넘어간다.

균형의식은 일상 속에서 마주치는 온갖 관계로부터 형성된다. 관계의 균형작용을 체득할 때, 사회의 평화와 공영 발전에 동시에 기여하는 융합창의력을 배양할 수 있다. 그러나 양극단의 대립이 심한 세상에서 합리적 판단만으로 관계의 균형을 유지하는 일은 사실상 불가능에 가깝다.

따라서 일상에서 모순을 이해하고 포용할 수 있는 역설의 지혜를 체득할 때, 관계의 균형유지가 가능하다. 이 점에서, 전인교육으로서 인간교육이 필수적으로 선행돼야 한다. 삶의 역설적 관계를 체득하면, 균형의식에서 배양된 융합창의력은 새로운 차원으로 상승할 수 있다.

물질문명과 정신문명이 결합하는 과정에서, 서양의 물질과학과 정신과학 그리고 고대 동양의 도학(道學)을 융합하는 시대적 요구가 필연적으로 생기게 된다. 여기서 '고대 동양의 도학'이라는 표현을 쓴 것은 현재 동양사상은 상당부분 관념적인 이론이 되었기 때문이다.

도학은 공허한 이론이 아니라, 삶에 생명의 총체성을 부여하는 일이다.

존재의 총체성을 찾을 때, 인간은 AI로부터 자유로운 삶을 구현할 수 있다. 인간의 총체적 실존은 물질적 한계를 넘는 융합창의력에 달려있다. 인간은 내부에 잠재된 무의식을 깨울 때만이 AI를 지배할 수 있다. 이 점에서, 물질세계를 가능하게 한 정신의 원초적 능력을 키우는 융합창의력이 갈수록 중요시 될 것이다.

융합창의력의 최종 관건은 서양의 논리적 분석력을 초극하는 고대 동양의 직관적 통찰력을 회복하는 데 있다. 물리세계의 선형적 논리와 정신세계의 비선형적 직관 사이의 모순을 회통(會通)할 때, 우리는 물질과 정신을 진정으로 융합하는 문명사회를 선도할 수 있다.

그리고 융합창의력의 기초 위에서, 물질과 관념적 정신의 한계를 넘는 초융합창의력을 이끌어낼 수 있다. 궁극적으로 경계를 초월하는 능력은 수행을 통해 기를 수밖에 없다. 초과학이 발전할수록 그에 대한 반작용으로 수행문화는 고도화될 것이다.

인간교육으로 심신 능력의 기초를 단단히 다지고, 수행을 통해 의식을 점차 상승시키면, 마침내는 AI에게 종속되지 않는 자유의지의 주체적 인간으로 거듭나게 된다.

기업과 정부기관도 문명의 거대한 변화흐름에 맞게 인재의 양성과 관리를 해야만, 세계적인 생존경쟁에서 살아남을 수 있다. 일사불란하게 명령을 따르는 폐쇄적인 조직문화와 생산시스템은 AI가 대체하게 된다. 인간은 AI가 가질 수 없는 자유로운 정신으로 새로운 융합사업을 창조하는 길밖에 선택의 여지가 없다.

앞으로 모든 첨단 분야는 융합창의력을 개발하는 차원에서 수행 프로그램이 반드시 필요하게 될 것이다. 인간이 하는 모든 연구와 개발은 결국 인간을 위한 일이 될 수밖에 없다. 물질적 발달만 추구한다면, 인류의 미래는 존재할 수 없기 때문이다.

융합문명시대 신인류의 조건은 의식상승을 통한 자유로운 정신이다. 모든 경계를 통섭하고, 한계를 넘어서는 인재만이 미래사회의 주인이 될 수 있다.

09. 가화만사성(家和萬事成)

우리나라의 1인 가구 비중은 산업화와 도시화에 비례해서 가파르게 증가했다. 정보화 시대에 들어서서 그 증가세는 더욱 커지고 있다. 통계청 자료에 따르면, 2023년 전체 인구 중에서 1인 가구의 비율은 35.5%를 기록했다.

1인 가구의 증가는 사회의 급격한 변화를 의미한다.

사회 구조의 변화는 사회 전반의 산업 생태계뿐만 아니라, 의식구조에도 막대한 영향을 미친다. 가장 염려되는 부분은 가족의 붕괴다. 갈수록 심각한 인구문제의 근본원인 중의 하나는 사회 전반에 걸쳐 가족이 해체되고 있는 현상이라고 볼 수 있다.

아이가 커서 부모의 슬하를 떠나는 것은 당연하다.

경제적인 독립을 위해 나 홀로 사는 것은 크게 장려되어야 할 일이다. 문제는 1인 가구 증가의 양상이 바람직하지 않다는 점이다. 산업화, 도시화 이후에 태어난 사람들은 그 이전의 세대와는 전혀 다른 감성과 시각을 갖고 있다. 부모와 공감대가 적은 아이들은 주로 가상공간의 게임이나 각종 매체의 프로그램에서 대리만족을 하고, 자기만의 세계를 꿈꾸는 성향이 많다. 이런 경향은 갈수록 심화되고 있다.

예를 들어, MBC 방송국의 〈나 혼자 산다〉가 동시간대 다른 매체의 프로그램에 비해 높은 시청률을 보이고 있는 것은, 젊은이들이 감성과 이성 양면에서 기성세대의 문화와 공감하지 못하는 현상과 무관하지 않다.

가족 간의 소통이 없는 집안의 아이들은 경제적 독립보다는 심리적 탈출을 원한다.

대화가 단절된 가족은 한 집에 살아도 사실상 나 홀로 가족이나 다름이 없다. 사회의 기초를 이루는 가족 사이에서, 소통의 부재는 공동체 의식의 붕괴를 초래할 수 있다. 가족 간의 신뢰와 소통 회복이 사회를 건강하게 만드는 가장 기본적인 요소다. 물론 아직도 우리 사회 전반에는 끈끈한 가족애와 더불어 공동체 의식이 살아있다. 그러나 지금의 추세로 볼 때, 안심할 수 없는 상황이다.

우리 사회는 오랫동안 유교적 전통 속에 있었다.

또한 산업화 이전에는 농업이 생계의 중심을 이루었기 때문에, 대가족 중심의 가족 문화는 사회의 토대를 이루는 근간이었다. 우리뿐만 아니라 동아시아 전체가 근대사회 이전에는 대부분 이런 기조를 이루고 있었다.

이런 문화적 전통 속에서 동양은 예로부터 효(孝)를 중시했다. 국가의 요직에 신하를 임명할 때도, 효자인지 여부가 선발기준의 중요한 잣대였다. 유가(儒家)의 뼈대를 세운 공자도 효를 중시했다.

그러나 공자의 효는 후대 유학자의 주장과 근본이 다르다.

공자는 부모에 대한 자식의 일방적인 효를 강조하는 대신에, 자식을 아끼고 걱정하는 부모의 마음을 보다 앞세웠다. 공자는 집안을 잘 다스리는 사람이 세상에 나가서 정치도 도리에 맞게 할 수 있다고 설파했다. 수신제가치국평천하(修身齊家治國平天下)는 이런 맥락에서 나온 명제다.

가정도 제대로 다스리지 못하는 사람이 사회를 이끈다는 것은 이치에 맞지 않다. "가정이 화목해야 만사를 이룬다(家和萬事成)."는 말은 우리 시대에 더욱 소중한 가르침이다.

유가의 전통을 확고하게 정립한 맹자도 공자의 정신을 이어받아, 인간이 마땅히 지켜야 할 다섯 가지 윤리도덕인 오륜(五倫) 중에서 부자유친(父子有親)을 첫 번째로 꼽았다.

부모와 자식이 친하고, 부모가 자식을 위하는 마음이 진실하고 정성을 다하면, 효를 강조하지 않아도 자식은 자연히 부모에게 효도를 하게 되어 있다.

공자의 정신이 잘못 이어져, 후대에는 부모와 자식 간의 정(情)과 사랑은 뒷전으로 물러나고, 부모에 대한 일방적인 효도를 강조했다. 더욱이 그 효를 통치자에 대한 무조건적인 충성으로 와전시켰다.

효와 충성은 모두 쌍방 간의 진실한 소통이 될 때, 우러나오는 결과다.

나 자신도 아이들이 어릴 적에 10년 정도 지방 대학의 교수로 있으면서, 아이들을 잘 돌보지 못했다. 주말에만 집에 와서 잠만 자고 간 적이 대부분이었기 때문에, 가족들에게 사랑도 제대로 주지 못했다. 대학을 그만 두고 서울에 돌아왔을 때, 가족 간에 소통의 벽이 있고 불협화음이 적지 않았다.

내가 할 수 있는 일은 아내와 세 딸들의 말을 잘 듣고, 친구처럼 다정하게 대해주는 것이 전부였다. 이렇게 10여년이 지나자, 그 동안 쌓였던 앙금이 사라지고 서로를 진심으로 대하는 분위기가 자연스럽게 생겨났다. 이 모든 과정을 참고 인내한 아내와 자식들에게 감사

할 뿐이다.

한 국가는 크게 보면 하나의 가족이다.

가족 간의 사랑과 유대관계가 있는 가정은 어떤 역경도 이겨낼 수 있다. 마찬가지로 국민들이 서로를 이해하고 용서하고 사랑하는 국가는 가혹한 세계정세의 변화에도 동요하지 않고 발전을 도모할 수 있다.

문명의 대전환에 맞서 살아남기 위해서는, 사익을 위한 분열보다는 대승적 차원에서 화합을 강조할 때다.

가족이 모여 사회와 국가를 이룬다는 점에서, 무엇보다 먼저 가족 간의 화합을 이루고, 그 정신을 사회 전반으로 확산해나가야 할 때다. 튼튼한 댐도 조금이라도 틈이 생기면 어느 시점에 순식간에 무너진다. 이와 같이 1인 가구가 증가하는 원인 중의 하나인 일그러진 가족관계를 방치하면, 우리 사회의 붕괴도 시간문제일 뿐이다.

미국의 정신이라고 평가되는 에머슨은 미국 지도자들에게 많은 영향을 끼친 산문 〈자립〉에서, "먼 곳에 대한 당신의 사랑은 가까운 곳에서는 악의가 됩니다."라는 말로 이웃사촌을 이루고 있는 공동체의 중요성을 일깨우고, 공동체의식이 부족한 미국 사회에 경종을 울렸다. 에머슨의 정신이 미국의 발전을 이끈 원동력이라는 점에서, 우리 사회에도 그 말의 의미가 깊다.

세상에서 자신의 중심을 잡고 우뚝 서는 자립(自立)은 주변 사람들
과 조화로운 관계를 이룰 때, 생명력을 갖고 세상을 바르게 변화시
킨다. 가까운 이웃을 돌보는 것이 사회를 구하는 것이고, 그 시발점
은 바로 가족이다.

10. 인문학적 성교육

사회가 붕괴될 때, 가장 먼저 조짐을 보이는 것이 성문화의 타락이다. 남녀 간의 성적 욕구는 인간의 가장 원초적 본능이다. 하지만 그 본능을 절제하는 정신문화가 사라지면, 사람들은 수치심을 상실하고 폭력적으로 변하게 된다. 폭력과 섹스는 서로 악순환 관계에 있다.

거대한 로마제국이 몰락한 원인도 폭력과 성적 타락에서 찾을 수 있다. 콜로세움에서 피비린내 나는 참혹한 경기를 즐기던 로마인들의 폭력성은 그대로 여성의 성적 학대로 이어졌다. 성도덕의 타락은 사회 전반의 도덕의식 결여와 바로 연결되면서, 결국 인간성을 파괴하고 거대한 로마제국을 붕괴시켰다.

성문화는 한 사회의 의식수준을 보여주는 기준이 된다.

인간은 존엄성을 지닌 존재다. 남녀를 불문하고 상대방을 성적 대상으로 보는 순간, 인간의 존엄성은 사라진다. 법정의무교육으로 성희

롱 예방교육이 있지만, 성범죄를 예방하기 위해 단순히 법률적 차원에서 성윤리를 얘기하는 것은 지극히 서양 중심의 물질적 사고방식이다.

서구식 성교육은 남녀의 해부학적 구조와 성적 심리의 차이에 집중되어 있다. 성(性)의 차이, 역할, 기능 등에 중점을 둔 육체적 성교육은 남녀의 인간적 소통을 막는 요인이 될 수 있다. 남녀의 성 구분을 넘어 본질적 인간으로서 상대방을 이해할 때, 성희롱이나 성폭력을 근원적으로 예방할 수 있다.

모든 존재의 의미를 근원적으로 성찰할 때, 인간에 대한 바른 이해가 가능하다.

인간은 거대한 생명 공동체의 극히 작은 일부분이면서, 동시에 우주의 생명 정신을 공유한 위대한 존재이기도 하다. 부분이자 전체인 인간이 가지는 도덕적 의무와 존엄성을 성인(聖人)들은 공통적으로 말씀했다.

인간은 몸과 마음으로 이루어져 있다. 몸은 자연의 일부분으로서 물질적 제약을 받고 있다. 마음은 상대적 세계에서 윤리적 관계로서 작용하는 이성과 감성의 심리, 의식적 관념을 초월한 영혼, 그리고 개별 영혼의 고향인 우주의 본심(本心)으로 나눌 수 있다. 따라서 인간은 심신 양면의 한계성과 영적 존재로서 영원성을 동시에 지니고 있다.

물질과 정신 양면에서 인간의 총체성을 정확하게 꿰뚫고 있는, 인류 역사상 가장 오래된 경전 중의 하나가 《역경》이다. 역경 중에서 현재 유일하게 남아 있는 《주역》은 모든 존재를 음양(陰陽)으로 설명하고 있다.

음양은 물질과 정신의 결합인 인간을 가장 잘 표현하는 기호라고 할 수 있다. 음양의 조합으로 구성된 64개의 괘가 실질적인 인류문명의 흐름이자, 인간의 특성을 대표한다. 양(陽)은 생명의 에너지를 발산하는 힘이고, 음(陰)은 생명력을 응축하는 힘이다. 새로운 질서를 부여하는 힘이 양이고, 그 질서를 수용하는 구체적 작용이 음이다.

모든 존재는 음과 양을 동시에 갖고 있다.

한의학적으로 볼 때, 남자는 대체로 남성성과 여성성의 비율이 55:45로, 남성성이 조금 더 높다. 여자는 그 반대다. 개인의 특성에 따라 비율의 차이는 있을 수 있지만, 어떤 경우이든 음양이 보상관계를 이루며 모든 존재를 완성하고 있다.

주역에서 강조하는 것은 '때(時)'와 '위치(地)'다. 주역은 시공간의 변화에 따른 인간 처세의 이해를 돕기 위해 남성과 여성에 해당하는 표현을 쓰고 있다. 여기서 남녀의 성 구분은 중요하지 않다.

공자가 해설한 주역은 음양을 통합한 생명의 변화 흐름을 인류문명사의 관점에서 논하고 있다. 다만 음양의 보상관계가 시대의 변화에 대응하는 인간의 의지에 따라 다르게 이루어질 뿐이다. 성별을 떠나 완전한 인간으로 거듭나는 수행이 융합문명시대에 맞는 진정한 인문학적 성교육이다.

주역에서 양(陽)을 대표하는 괘는 중천건(重天乾)이다. 여섯 개의 효가 모두 양효(陽爻)인 중천건은 하늘의 변화를 상징하며, 강건하고 굳센 양기(陽氣)를 대표한다. 양기가 제 힘을 발휘하기 위해서는 6단계의 과정을 거쳐야 한다. 온양(溫養), 학습, 보완, 출사, 웅비, 그리고 용퇴의 단계를 순환한다. 여섯 단계가 하나로 끝나는 것이 아니라, 다양한 위치와 차원에서 반복되면서 의식의 상승을 견인한다.

변화의 단계에 맞게 생명력을 발산하고, 마지막에는 물러나라고 가르친다.

음(陰)을 대표하는 괘는 중지곤(重地坤)이다. 음효(陰爻)로만 구성된 중지곤은 땅의 생명 관계를 상징하며, 하늘의 이치에 순응하는 온순한 음기(陰氣)를 대표한다. 양기의 발현 과정에 대응해서, 음기는 생명의 응결, 절제와 바름, 진선미(眞善美)의 함양, 신중, 중용의 덕성 발휘, 그리고 새로운 전환의 진통이라는 6단계 과정을 거치게 된다. 중지곤도 마지막 단계에서는 새로운 차원상승을 위한 결단이 필요하다.

역(易)의 묘미는 음양의 풀무질을 통해 인간을 완성하는 데 있다.

보통 역술가들은 음(陰)을 여성으로, 양(陽)을 남성으로 보고 있다. 그러나 이것은 소강절과 주자의 영향으로 주역을 역술적으로 보는 관점에서 비롯된 것이다. 주역은 역술서가 아니라, 몸과 마음과 삶의 수행서(修行書)다.

음양 변화의 고통을 극복하고 영혼을 고양하는 일이 모든 존재의 궁극적인 목적이다. 같은 맥락에서, 성교육은 인간교육이 될 때만이 인간성을 온전히 보호할 수 있다. 인격성장에 도움이 되는 짝을 찾는 지혜를 길러주는 데 인문학적 성교육의 참된 의미가 있다.

11. 실용주의적 중도의 실천

중도(中道)는 수행뿐만 아니라 세상사의 중심이 되는 이치다.

공자, 노자, 석가, 예수 등 모든 성인(聖人)들은 중도의 도리에서 벗어나지 않았다. 중도, 중용, 황금률 등은 표현만 다를 뿐 같은 이치를 담고 있다. 중도는 진리를 달리 부르는 말이면서, 진리에 이르는 도리이기도 하다. 현상의 중도를 지키면, 본질의 중도에 이를 수 있다.

그런 의미에서, 고조선 시대 단군의 수행경전이던 천부삼경의 하나인 《참전계경》에서도, "바른 도란 중도다. 중도를 전일하게 지키면, 하늘의 도가 밝게 드러난다(正道者, 中道也. 中一其規, 天道乃彰)." 고 설파하고 있다.

동서양의 문명이 크게 원환을 그리며 거칠게 만난 미국적 토양에서, 동서의 종교사상을 새롭게 통합한 에머슨은 중도의 본질을 '중립성'이라고 표현했다. 생태학적으로 번역하면, '중성(中性)'이라고 해도 무방하다.

자연의 양극성을 조화시키는 중성은, 큰 맥락에서 보면, 인간사회의 생태적 균형 원리와 다르지 않기 때문이다.

에머슨 이전에 서양에서 중도는 대부분 '가운데 길(the middle way)' 정도로 인식되었다. 그러나 현실에서 중도는 가운데를 의미하지 않고, 최적의 상태를 의미한다. 다만 현상에서 최적의 함수를 찾는 과정이 너무 복잡해서, 모호하게 느껴질 뿐이다.

양자물리학이 발전하면서, 중도의 현실적 모호함이 오히려 미시세계를 구현하는 데 있어서, 가장 정밀하다는 사실이 입증되고 있다. 불확정성은 세상을 움직이는 실질적인 생명현상이다.

구체적인 해법은 어느 특정한 사안에 대해 대증적 효과를 지니고 있지만, 다른 부분들에는 오히려 역효과를 미칠 수도 있다. 그러나 중도의 이치에서 나온 해법은 개별적인 모순을 아우르고, 전체를 포용하는 융합력을 지니고 있다.

예를 들어, 사랑과 자비가 세상을 조화롭게 유지하는 가장 강력한 친화력이자 생명력이라고 할 수 있다. 이 점에서, 에머슨은 "가장 추상적인 진리가 가장 실질적인 진리다."라고 말했다.

나는 수행을 전문적으로 연구한 이후에 쓴 여러 책에서, 에머슨에 관한 해석을 달리 하고 있다. 그 중에서 에머슨의 주요 산문 5편을

골라 번역하여 2014년에 출간된 《자연》의 〈역자 해설〉에서, 나는 에머슨 사상의 핵심을 '실용주의적 중도'라고 설명했다. 에머슨은 비록 도학(道學) 차원에서 중도의 깊은 도리는 몰랐지만, 중도를 실용적인 관점에서 추구했다.

동서문명이 진정으로 융합하는 융합문명시대에 실용주의적 중도는 우리에게 더욱 실질적인 의미를 지니게 된다. 문명대전환을 대비하는 차원에서 동서양의 중도적 도리를 추려서, 새롭게 융합할 시대적 과제가 있다.

AI시대를 맞이해서 모든 중도의 도리를 하나로 융합해야겠다는 생각을 내가 본격적으로 갖게 된 인연은 2017년에 있었다. 그 인연에는 여러 모순된 인연들이 화합했는데, 모든 인연의 결과로 2018년에 나온 책이 《공자 노자 석가 예수를 관통하는 진리》다. 부제가 〈인공지능에 부여할 윤리의식의 해법〉인 책의 내용을 완성할 수 있었던 결정적 계기는 원용강 선생님의 후원이었다. 원선생님으로부터 나는 다석 류영모를 알게 되었다.

다석은 초기 개신교의 요람이라고 할 수 있는 오산학교 교장을 지낸 인물로서, 에머슨처럼 깨달음이라는 측면에서 예수와 석가를 하나의 도리로 본 선각자다.

상이한 인연의 결합으로 이 책이 나오자, 다석의 말씀을 전문적으로 모아 발간한 박용호 선생님은 책을 보고, 원선생님을 통해 감사의 말씀을 내게 전했다. 당시 나는 진리가 모든 종교의 형식을 뛰어넘는다는 사실을 더욱 실감했다.

원래 기획한 책은 천부삼경을 포함한 방대한 것이었지만, 출판사와의 협의를 거쳐 그 내용이 축소되었다. 다만 천부삼경의 주요 내용들은 성인들의 말씀을 보충 설명하는 형식으로 중간 중간 들어가 있다. 이 책에서 나는 중도를 본질과 현상 양면에 모두 적용해서, 성인들의 말씀을 직접 비교하면서 공통의 진리를 제시하고자 노력했다.

중도의 도리는 다른 말로 하면 융합의 도리다.

현상과 본질의 모든 인연사가 바로 지금 여기에서 인연의 총상으로 만나기 때문에, 모든 것을 하나로 융해관통하는 도리를 모르면, 실존 상황의 참모습을 알 길이 없다. 2024년에 나온 《융합창의력과 인간교육》도 융합문명을 대비하는 차원의 책이다.

앞으로는 보다 실용적인 입장에서 융합의 도리를 수행과 인간교육으로 풀어서, 실질적인 융합프로그램과 콘텐츠를 세상에 보급할 계획이다. 수행과 인간교육도 각자의 인연에 맞게 다양성을 확보하고 동시에 전체를 하나로 융합하는 중도의 도리를 회복할 때, 우리사회는 문명전환의 거센 파도에도 무너지지 않는 탄력성과 건전성을 유지할 수 있다.

우리가 사는 현시대는 제자백가 사상이 난무하던 춘추전국시대와 다를 것이 없다.

이론과 사상은 각기 그 나름의 의미가 있으므로, 그 가치를 인정할 필요가 있다. 그러나 다양한 이견으로 서로 싸운다면 이론과 사상의 가치는 퇴색되고, 심하면 사회 전체가 파국으로 치달을 수 있다. 따라서 개별 이론과 종교사상을 전체적으로 아우르는 바른 정신이 필요하다. 그 정신은 바로 성인들이 공통적으로 말씀한 중도의 도리다.

무엇보다 우리는 중도의 이치로 바른 정신을 회복해야 한다.

먼저 우리 자신을 바로 봐야겠다. 그 과정에서 우리를 비하하거나, 다른 나라에 의지하는 태도를 버려야 한다. 또한 반대로 우리의 문화에 대해 지나친 우월감을 가져서도 안 된다.

사회가 급격히 변할 때, 우리가 함양해야 할 가장 중요한 덕목은 물질과 정신의 상이한 가치 충돌을 아우를 수 있는 중도적 포용력이다. 중도의 도리를 지키는 일은 변화의 흐름을 안전하게 전환하는 핵심이다.

변화의 관점에서, 중도란 생명 관계의 도리를 지키며 변화의 흐름을 따르는 일이다. 특히 문명전환기의 사회 지도자들이 중도의 지혜를

함양하고 펼치는 데 성심을 다할 때, 대중들은 믿고 따르며 새로운
사회로 함께 나아갈 수 있다.

12. 변화를 선도하는 지혜, 균형조율

세상의 변화를 이끄는 3대 요소는 시간과 공간과 사람이다.

동양에서는 예로부터 이 세 가지 요소를 천지인(天地人) 삼재(三才)라고 불렀다. 천(天)은 시간, 지(地)는 공간, 그리고 인(人)은 인간을 포함한 모든 생명을 대표한다. 삼재 안에는 우주 만물의 온갖 변화가 다 포함된다.

우리가 지각하는 물질적 변화뿐만 아니라 지각할 수 없는 비물질적인 무궁무진한 변화가 그 속에 담겨있다. 세상의 변화를 예측하는 어떤 도구나 방법도 삼재의 범위 안에서 맴돌 수밖에 없다. 천지인의 영원한 변화 속에서 적당한 시간과 위치 그리고 제 역할을 찾을 때, 인간은 자신의 생명을 안전하게 유지하고 성공할 수 있다.

천지인의 변화과정 속에서 최적의 흐름을 타기 위해서는, 앞서 지적했듯이, 성인(聖人)들처럼 중도의 도리에서 벗어나지 않아야 한다. 그러나 중도는 사실 이해하기 어려운 용어이다. 그 의미를 파악하기 어려우면, 실천하기도 힘들다. 따라서 시대의 변화에 맞게 쉬운 우리말로 그 의미를 대체할 필요가 있다.

나는 '균형과 조화'를 중도의 적당한 대체용어로 보았다.

그러나 이 표현은 두 개의 단어가 연결되어 있어서, 일반인들이 복합적인 의미를 이해하기에는 어렵다는 사실을 깨달았다. 뭔가 단순한 표현이 필요했다. 그래서 처음에는 '균형'이란 한 단어로 통합적인 의미를 담으려고 했다. 그래서 심신균형프로그램을 만든 바 있었다.

그러나 '균형'도 천지인의 실상을 표현하기에는 적절치 못하다는 판단이 점차 들었다. 왜냐하면 우리가 이상적으로 찾는 균형은 일순간의 조화의 상태일 뿐이기 때문이다. 어떤 현상이든 인연이 화합하면 균형을 이루고, 인연이 흩어지면 불균형의 상태로 전환된다. 한 순간의 균형은 세상의 변화를 다 담을 수 없다.

그래서 찾아낸 말이 '균형조율'이다.

모든 생명은 끊임없는 변화의 위태로운 상황 속에서 살아남기 위해 생태적 균형을 지속적으로 조율해야 한다. 인간도 각자의 상황 속에서 끝없이 균형조율을 통해 자신에게 맞는 천지인을 찾을 수밖에 없다.

세상이 시끄럽고 다툼이 많은 것은 이익이 충돌하는 상호 간에 적절한 균형을 조율하지 않기 때문이다. 정치, 경제 등 모든 영역에서 균형조율이 잘 이루어지면, 사실 싸울 일이 없다.

사람이 적고 자원이 풍부한 고대에는 생태환경이 바뀌거나 다툼이 발생하면, 뜻이 맞는 무리들끼리 새로운 땅으로 이주해서 새로운 질서를 찾을 수 있었다. 미 대륙에서도 개척시대에는 이와 비슷한 상황이 전개됐었다. 그러나 지금은 지구상에 새로운 땅은 사실상 없다.

동일한 대상이나 한정된 자원을 두고 경제적 가치를 논하는 경제학 원리는 이제는 효용가치가 떨어지고 있다. 시간과 공간과 사람이 지구촌 규모로 한데 융합되는 시대에 맞게, 쟁취와 착취보다는 생태적 균형을 조율하는 쪽으로 경제원칙을 수정할 때다.

경제를 비롯한 모든 영역이 앞으로 천지인을 고려하고 균형조율하는 융합체계로 거듭날 때, 인류사회는 지속적으로 안정을 유지하는 근간을 마련할 수 있다.

서양의 물질주의적 방법론과 더불어 동양의 정신주의적 도학(道學)이 함께 융합해야만, 천지인의 변화를 현실에 맞게 온전히 구현할 수 있는 시대가 온다. 다행히 양자물리학, 정신과학 등과 같은 첨단 과학의 발전으로 서양과 동양의 양면성을 결합할 수 있는 융합과학이 출현했다.

묘하게도 첨단과학의 난제를 해결하는 마지막 퍼즐은 동양의 정신 문화 속에 있다.

그러나 안타깝게도 서양이 이룩한 방법론의 발전에 비해서, 동양의 도학은 오히려 후퇴한 실정이다. 그 원인은 동양의 정신을 망각하고 서양의 학문 방식으로 동양의 도학을 완성하고자 했기 때문이다. 서 양과 동양은 이상을 현실에 구현하는 방식이 다르다.

도학은 사실상 차원이 다른 체득학문이다.

직관적 정신문화로 중심을 잡고 합리적 물질문화를 수단으로 삼을 때, 융합문명사회가 본격적으로 열릴 수 있다. 우리는 서양식 교육 방식에서는 최고 수준에 이르렀지만, 최첨단 분야에서 새로운 융합 창의력은 부족하다. 융합창의력의 창의적 동력은 고대 동양의 정신 문화를 통해 함양할 수 있다.

동양의 직관적 인식체계에서 변화의 이치를 체득하고, 그 핵심을 서 양의 방법론과 융합하는 데 새로운 시대를 여는 열쇠가 있다.

미래의 지도자는 동서양의 정신을 종합적으로 이해할 필요가 있다. 물론 하나의 사상을 전문적으로 평생을 연구해도, 심오한 뜻을 자세히 알지 못할 수도 있다. 그러나 다행히도 성인들의 정신은 거의 모두 세상에 드러났다. AI를 잘 활용하면, 중도의 정수만을 뽑아 균형조율의 이치를 빠르게 확립할 수 있다.

그러나 문제는 오랜 세월 전승되는 과정에서 편저자의 의도에 따른 자의적인 편삭과 곡해 등이 걸림돌이다.

이 때문에, 성인들의 사상은 서로 이질적으로 느껴질 수밖에 없게 되었다. 따라서 각 분야의 전문가들이 지혜를 모으고 균형조율을 통해 진리를 가리고 있는 장막을 거두어 낸다면, 공통의 핵심 진리는 드러날 것이다.

내가 이러한 생각을 하게 된 근간은 에머슨의 연구 방식에 있다.

사실 에머슨의 초절주의는 동서고금의 이질적인 사상들을 광범위하게 내포하고 있다. 따라서 에머슨 사상의 핵심을 찾기 위해서는 수많은 영향관계를 단순 비교하기보다는, 성인의 정신으로 균형조율을 통해 그의 궁극적인 의도를 직접 보는 것이 바람직했다. 나는 이러한 연구 태도를 새로운 시대에 맞는 중도 사상을 이끌어 내는 데 그대로 적용하고 있다.

균형조율의 정신을 실용적인 관점에서 수행문화와 인간교육에 활용할 때가 되었다.

새 시대를 대비하는 차원에서, 나는 2020년에 균형조율프로그램 (BMP)에 관한 기본적인 이론과 방법을 전반적으로 설명하는《나답게 사는 법》을 출간했다. 같은 취지에서 2021년《주역 인생전략》, 2022년《경계를 넘어 통합을 보다》, 2023년《나를 찾을 결심》, 그리고 2024년《융합창의력과 인간교육》이 나왔다.

일련의 책들은 모두 균형인재를 양성할 시기가 왔음을 알리는 내용이자, 그 준비 작업이었다. 이제 기본적인 준비는 되었다. 새로운 융합시대의 지도자 인간교육을 더 이상 미룰 수 없다. 뜻있는 분들이 융합인재의 필요성에 대한 사회적 공명을 확산하고, 함께 힘을 합치길 소망한다.

13. 균형교육혁명을 시작할 때

교육의 목적은 진리를 추구하는 인재를 양성하는 것이다.

서양에서 과학이 급속하게 발전한 요인은 르네상스 이후 인문정신의 발흥으로 학문의 전당인 대학에서 진리를 자유롭게 추구하는 토양이 마련되었기 때문이다. 다양한 학문을 연구할 수 있는 자율성이 확보된 덕분에, 유럽은 종교개혁 이후 인간의 잠재된 창의력을 과학으로 구현할 수 있었다.

그러나 지나치게 물질과 이론 중심의 과학이 극한으로 발전하자, 인간의 정신은 오히려 황폐화되는 역전 현상이 일어나고 말았다.

물질문명은 생태적 질서의 유지보다는 파괴에 일조하고 있다. AI의 출현으로 물질문명의 임계점은 더욱 빠르게 다가올 수밖에 없다. AI는 우리에게 무한한 가능성도 제공하고 있지만, AI를 특정세력이 독점해서 정보의 왜곡을 더욱 심화시킬 수 있는 개연성도 충분히 있다.

현재 오픈AI는 마치 큰 은혜라도 베풀 듯이 무료로 서비스를 제공하고 있지만, 어느 순간 유료화되면 그들의 의도대로 우리의 삶을 제한할 수도 있다. 마치 고객의 정보를 모으기 위해 무료로 시작한 플랫폼 산업이 정보가 충분히 쌓이자, 삶의 편의성을 무기로 오히려 시장의 질서를 때때로 왜곡시키는 경우와 같다. 오픈AI도 유사한 부작용을 반복할 수 있다.

AI 자체의 데이터 시스템도 문제다.

AI는 입력 데이터에 의존하기 때문에, 정보가 충분하지 않거나 왜곡된 정보일 경우에는 더욱 큰 위험을 초래한다. 요즘 문제가 되는 있는 생성형 인공지능이 만들어내는 합성데이터의 오류는 심각하다. 이것을 악의적으로 활용한다면, 사회 질서가 혼란하게 된다.

그리고 무엇보다, 앞서 반복해서 강조했듯이, 물질문명의 치우침을 정신문명으로 보완하지 못하면, 인류사회의 생태계는 붕괴될 수밖에 없다.

사람들은 대부분 과학을 맹신하고 있다.

하지만 과학은 제한되고 통제할 수 있는 조건과 상황 안에서 일어나는 일부 변수들을 가지고 실증하는 한계성을 지니고 있다. 예를 들어, 사람들이 곧 잘 믿는 통계과학은 어떤 변수를 문항으로 두느냐에 따라 결과가 달라진다. 통계를 조작해서 얼마든지 여론을 호도할 수 있다는 얘기다. 따라서 통계에 반영되지 않은 사람들이 추구하는 가치와 이익은 보장되지 않을 수 있다.

만약 AI가 이렇게 이용된다면, 어떻게 될 것인가?

왜곡은 또 다른 왜곡을 끊임없이 불러들이고, 마침내 전체 사회시스템은 파멸에 이르게 된다. 결국 AI를 사용하는 사람들의 도덕적 정신이 가장 중요한 화두로 등장할 수밖에 없다.

도덕(道德)이란 말은 본래 '진리의 구현'이란 심오한 뜻을 내포하고 있다. 그러나 지금은 공중도덕과 같은 서양의 에티켓 수준으로 그 의미는 퇴색되었다. 물질문화의 왜곡을 바로 잡기 위해서는, 정신문화로 교육의 균형을 이루어야 한다.

균형을 맞추는 일은 사실 엄청나게 힘든 작업이다. 왜냐하면 의식의 불균형은 사회적 구조의 불균형 위에 근간하기 때문이다. 따라서 불균형을 바로 잡기 위해서는 혁명에 가까운 자기혁신이 필요하다.

서양은 종교혁명, 산업혁명, 정치혁명 등을 통해 봉건적 구질서를 몰아내고, 합리적인 민주질서를 확립했다. 그러나 그 과정에서 많은 사람들의 희생과 피를 보았다. 우리 사회도 혁명적 변화들을 통해 발전했다.

그러나 지금은 문명대전환의 차원에서 새로운 세계질서가 개편되고 있는 불안정한 상황이다. 이 상태에서 우리의 정신문화가 바로 서있지 못하면, 무질서와 혼란의 늪에서 빠져나오지 못할 수도 있다. 균형교육혁명의 당위성은 여기에 있다. 인간교육을 통해 정신문화 자체의 균형을 잡는 일이 가장 안전하게 사회변화를 유도하기 때문이다.

균형의식을 함양하기 위해서는, 무엇보다 정치와 종교로부터 인간교육을 분리시켜야 한다.

응용과학과 같은 전문지식을 다루는 분야에서는, 국가의 발전 전략을 짜는 정부의 정책적 변화에 따라 교육 내용은 달라질 수 있다. 그러나 인간교육은 외부의 영향에서 자유롭지 못하면, 본질적인 인간존재의 관점에서 교육과 학습을 할 수 없다. 진리 추구라는 대전제 하에 인문도덕의 기본 도리를 깨우칠 때, 개인과 사회의 조화로운 발전을 가능하게 하는 융합창의력을 배양할 수 있다.

인간교육이 제자리를 잡기 위한 가장 이상적인 토대는 정치권력의 변동과 관계없이 활동할 수 있는 '국가인간교육위원회(가칭)'의 설립이다.

정치권력이 바뀔 때마다 교육의 정책이나 방향이 변하면, 제대로 된 인간교육이 이루어질 수 없기 때문이다. 따라서 정치, 경제, 종교 등 모든 영역에서 중도적 인사들로 위원회를 구성하고, 학제간 융합을 통해 시대 변화에 맞는 가치를 끊임없이 균형조율할 수 있는 자유로운 환경이 보장되어야 한다. 이것은 나의 소망이다. 그러나 현실적으로 실현되기 힘든 과제다. 그렇다고 포기할 수 없다.

차선책으로 하지만 실질적으로, 균형교육혁명을 이끌어내는 방법이 필요하다. 그것은 수행문화와 인간교육을 사업화 하는 일이다. 먹고 사는 문제가 인간의 원초적인 과제이기 때문에, 사업을 통해 균형조율의 생활문화를 보급하는 것이 가장 안전하다.

수행과 인간교육의 중심인 건강문화는 사업화 할 수 있는 근거가 된다. 인간은 평생 의식주와 여가에 관련한 문화에서 벗어날 수 없다. 건강교육문화 융합산업의 모델링을 통해 전국에 새로운 생활문화를 전파하면, 지방소멸, 인구감소 등의 현안들을 해결하면서, 가장 안전하고 빠르게 우리는 융합문명사회로 진입할 수 있다.

건강은 몸과 마음의 균형작용을 통해 구현된다.

균형건강은 창의력의 기본 토대가 된다. 융합창의력은 좌우 뇌의 균형작용으로 상승한다. 더 나아가 서양의 물질주의적 창의력이 지니는 한계를 극복하기 위해서는, 균형교육혁명을 통해 수행의 원리와 방법을 인간교육 커리큘럼에 접목하여 인간의 근본정신을 깨울 필요가 있다.

이미 서양은 수행을 활발히 연구하고, 그것을 의료와 교육 등에 적극적으로 활용하기 위해 다양한 방법을 모색하고 있다. 수행의 전통과 성향이 더 깊고 큰 우리는 균형교육혁명을 통해 우리 사회의 불균형을 근원적으로 바로 잡을 수 있다.

사회 혼란이 극대화되는 문명의 전환기가 교육혁명을 일으킬 적기다.

14. 노인문제 해법으로서 수행문화

누구나 존엄하게 살다가, 존엄하게 죽기를 바란다.

그러나 현실에서 그렇게 살다가 가는 사람은 극히 드물다. 삶의 존엄은 돈, 권력, 명예 등으로 살 수 있는 것이 아니기 때문이다. 반대로 세속적인 지위가 없는 사람들도 존엄하게 살 수 있지만, 대부분 그렇게 사는 법을 모르고 있다.

흔히 종교적인 사람들은 존엄할 것 같지만, 그들의 일상을 자세히 들여다보면 그렇지도 않다. 그것은 그들이 하는 종교적인 말과 달리 실제로 살아가는 방식은 세속적이기 때문이다. 그럼에도 종교를 믿고 사는 것은 종교의 모태가 되는 성인(聖人)들의 거룩한 삶과 말씀 덕분이다.

종교적 가르침대로 따르고 살기에는 우리의 현실은 너무 팍팍했다. 일제강점기, 남북전쟁, 각종 혁명 등 시련의 가시밭길이 점철되어, 민초들의 삶은 존엄과는 거리가 멀었다. 모진 시련에도 불구하고 우리 사회는 산업사회를 선도한 기업인들과 많은 사람들이 노력해서, 한강의 기적을 만들었다.

어떤 나라보다도 빠른 경제성장에는 일사불란한 사회의 위계질서가 한몫했다. 전통적으로 충효를 중시한 가치관은 계획경제의 시대에 잘 어울렸다. 그러나 점차 정보통신기술, 서비스 산업 등의 발달로 세상의 가치체계는 완전히 변했다. 경제역군들이 고생한 만큼 앞으로 대접을 받아야겠지만, 현실은 과거와는 확연히 다르다.

사회의 갈등과 불안도 점점 심화되고 있다.

예전에는 "노인 한 명이 임종하면, 도서관 하나가 사라지는 것과 같다."는 말이 통용되던 시대였다. 하지만 지금은 AI로 인해 구세대가 이룩한 산업문명시대의 지식은 빠르게 가치를 잃어가고 있다.

문명전환이 급속도로 이루어지는 과도기에는 사회변화에 적응하기 힘들다. 특히 노인의 경우에는 더욱 그렇다. 냉혹한 현실이지만, 노인이 지속적으로 대접받을 수 있는 조건은 주변을 이롭게 하는 노인의 활동이 끊이지 않는 데 있다.

가정과 사회에서 노인의 역할이 사라지면, 작게는 가족의 부담이 되고, 크게는 전체 사회를 위태롭게 만든다. 사회의 안전망이 무너지고 있는 사례는 현대판 고려장이라고 할 수 있는 노인의 고독사에서 찾을 수 있다.

노인문제를 이대로 방치할 수 없다.

그러나 안타깝게도 대부분의 노인들은 하루하루를 무의미하게 보내며, 대책 없이 죽음을 향해 가고 있다. 그나마 여성들은 상황이 좀 낫다. 여성은 남성에 비해 노년에도 소일거리로 할 수 있는 일들이 많다. 가족과도 친화적이고, 다른 친구들과 삼삼오오 어울려서 서로 잘 지내는 성향을 지니고 있다.

반면에 남성 노인들은 경제력을 잃으면, 활력이 급격히 떨어진다. 그럼에도 남성 특유의 공격적 성향은 남아있고, 서열의식은 여성들에 비해 강하다. 이 때문에 가부장적인 문화에서 벗어나지 못한 남성들은 주변에서 소외당하거나, 심지어 가족들로부터 버림을 받는 일도 적지 않다.

노인이 인간의 존엄성을 유지하면서 사는 유일한 길은 건강을 유지하면서 적당한 일을 하는 것이다. 적당한 일은 경제활동만을 의미하지 않는다. 사회적 봉사도 노년에 할 수 있는 좋은 일이다. 봉사를 통해 좋은 사람들과 교류하고, 건강한 기운을 주고받을 수 있다.

미국에서 경제활동과 더불어 사회봉사를 매우 성공적으로 해내고 있는 대표적인 노인으로 워런 버핏(Warren Buffett)을 애기할 수 있다. 올해 95세를 맞이하는 그는 아직도 현직에서 왕성한 활동을 하면서도, 절제된 삶을 통해 남는 이익을 사회에 많이 기부하고 있다.

버핏을 '오마하의 현인'이라고 사람들이 부르는 데는, 그가 정신적 스승으로 삼고 있는 에머슨의 영향이 크다. 동서양의 정신문화를 통섭한 에머슨에게서 그는 많은 영감을 받았다. 정도경영이란 측면에서, 그는 모든 기업가가 본받을 만한 큰 수행을 일상에서 실천하고 있다. 햄버거와 콜라를 좋아하는 식성을 갖고 있지만, 그가 아직도 건강을 유지하는 원천은 에머슨의 저작으로부터 배운 조화와 균형의 지혜에 있다.

조화와 균형을 이루는 삶의 지혜는 변화에 대처하는 능력이다.

1990년대 이후 우리 사회의 세태와 풍속은 크게 변하고 있지만, 노인들의 세계관은 별 변화가 없다. 세대 간의 가치관 차이가 크고 생산인구가 급격히 감소하는 상황에서는, 노인들은 스스로 자신을 돌보는 방법을 찾는 수밖에 없다. 노인세대가 추구하는 가치와 현실은 다르다.

따라서 세상을 양면적으로 바라보는 눈이 필요하다. 세상의 변화에 맞게 삶의 양극적 모순을 조율하는 수행문화가 노년기에는 더욱 절실한 이유다. 관념적인 수행문화 연구가 아닌, 실질적인 수행의 실천이 중요하다.

수행은 고정된 사고를 풀어주고 소통시키는 데 도움이 된다.

늙는다는 것은 심신이 경화(硬化)되는 것을 의미한다. 몸이 굳어 가면, 마음의 문도 닫혀 간다. 수행을 통해 마음을 이완시키면, 몸도 한결 유연해진다. 나이가 늙어도 건강한 노인은 생각이 막혀 있지 않다.

노자는 "덕이 두터운 사람은 적자와 같다(含德之厚, 比於赤子)."고 했는데, 이 말씀은 노년기의 건강한 삶에도 적용된다. 각계의 원로들은 적자, 즉 갓난아기처럼 부드러운 태도로 사회의 변화를 수용하고, 노년의 성숙된 지혜로 세상과 통섭하는 모범을 보여야 한다.

균형조율의 수행문화가 정착되면, 사회의 갈등과 스트레스는 사라질 것이다. 수행을 일상화 하는 삶은 특히 노년기에 최고의 건강 비결이다.

웰다잉 차원에서도, 수행문화는 노인에게 꼭 필요하다.

임종을 맞이하는 노인에게 지금의 장례문화는 존엄한 죽음을 담보할 수 없다. 그 원인은 주거형태와 관련이 높다. 도시에서 생활하는 비중이 높은 우리나라는 특히 아파트와 같은 집단거주 시설이 많다. 이런 주거 형태에서는 외부 장례식장에서 장례를 치를 수밖에 없다. 사실상 객사(客死)라고 할 수 있다.

존엄한 임종의 기본 조건은 재택임종(在宅臨終)이다.

자택에서 임종을 맞이하려면, 심신이 건강할 때 수행에 관한 안목을 가지고 인생 2막을 준비할 필요가 있다. 〈인구문제와 농촌문제의 근본 해법〉에서 제안했듯이, 생태환경이 좋은 전원지역에 인생 후반기를 위한 삶의 터전을 미리 마련해두는 것이 바람직하다.

이 점에서, 수행과 관련된 융합사업은 삶과 죽음의 상태를 개선할 뿐만 아니라, 도시와 농촌을 연결하면서 지방소멸, 인구감소 등을 해결하는 강력한 방안이 될 것이다.

15. 총체적 삶으로의 전환

인간은 자연의 일부로서 대자연과 떨어질 수 없는 관계를 맺고 있다. 고대인은 자연에 순응하며 살았다. 인류문명이 점차 발전하면서, 인간은 자연의 변화와 질서를 역행하며 살기 시작했다. 다행히 자연 자체에 있는 생태적 정화력(淨化力) 덕분에, 인간이 만든 무질서와 오염은 물질문명이 본격화되기 전까지는 큰 문제가 아닌 것처럼 보였다.

오히려 산업과학의 발전으로 개발된 문명의 이기(利器)들은 기아, 질병, 재난 등을 해결하는 축복과 같은 선물로 받아들여졌다. 그러나 상황은 인류의 기대와는 다르게 전개되고 있다.

인간 중심의 물질적 질서가 공고히 구축될수록, 인간사회와 자연 생태계의 분리는 심화되고 있다. 현대인은 겉으로 보기에는 대단히 화려하고 편리한 문명 속에 살고 있지만, 자연의 생태계 파괴는 부지불식간에 인류의 생존을 위협하고 있다.

현재 지구촌의 각종 자연재해는 자연 자체의 정화능력이 한계에 이르렀음을 알리는 신호다. 열역학 제2법칙인 엔트로피 증가의 법칙처럼, 생태계의 무질서를 해결하려는 인간의 노력들이 오히려 더욱 큰 무질서를 양산하고 있다. 이것은 총체적인 생태계망을 망각하고, 부분적이고 임시방편적인 대처를 하고 있기 때문이다.

관점을 좁혀서 우리 사회를 보면, 산업화 덕분에 전체적인 생활환경의 개선과 의료수준의 향상이 이루어졌다. 그러나 삶의 질이라는 관점에서 보면, 얻은 것 못지않게 잃은 것이 많다.

우리는 자연과 멀어짐으로써, 자연의 본질과 통하는 '인간 본성(human nature)'을 상실하고 있다. 평균수명은 증가했지만, 정신이 빠진 채 육체적 수명만 길게 연장하고 있는 상황이다. 생명공동체의 본질인 생명의식의 부재는 생태계 파괴의 가장 근원적인 원인이라고 할 수 있다.

인간성 상실의 직접적인 원인은 분업화와 효율성이 세상을 지배한 데서 찾을 수 있다. 산업사회의 역군들은 분업화된 영역에서 생산성을 극대화 하는 역할로 존재했었다. 전문화된 역할에는 인간성이 개입할 여지가 적다. 이 때문에 특히 분업화 밀도가 높은 기업에서 퇴직한 사람일수록 세상에 나오면, 자신의 총체적 정체성을 찾기 힘들다.

자기의 본성과 동떨어진 물리적 환경에서 청춘을 바쳤지만, 세상은 그 노고를 제대로 보상하지 않는다. 물질 중심의 사회보장 제도로는 인간 존재의 본성을 회복시킬 수 없다.

역(易)의 관점에서 보면, 인간성 상실의 근본원인은 천지인의 화합이 깨진 데 있다.

효율 중심으로 시간은 초 단위 이하로, 공간은 번지수로 쪼개져서 활용되고, 더불어 인간은 전문화된 역할로 물화(物化)되었다. 천지인의 조화가 무너진 결과, 우리의 삶은 분열되었다. 몸은 세포 단위로, 마음은 신경조직으로, 그리고 인간관계는 이해타산으로 분리되어 생명의 총체성이 사라졌다. 우리가 눈앞의 이익에 사로잡혀 있는 동안에, 전체 생명현상의 균형은 붕괴되었다.

몸, 마음, 그리고 삶이 분열되어 존재하는 허상의 인간이 겪게 되는 실질적인 증상은 정신적 소외다.

자신의 몸과 마음과 삶을 총체적으로 인식하지 못하면, 모든 관계에서 자신의 중심을 잡을 수 없기 때문이다. 소외가 깊어지면, 반사회적 심리상태를 유발하게 된다. 개인의 인간성 파괴는 부조리한 사회 상황과 맞물리면, 사회를 파괴하는 강력한 요인이 된다. 사회적으로 큰 문제가 되는 사이코패스가 점점 증가하는 것은 이러한 악순환의 결과라고 할 수 있다.

삶의 총체성을 회복하는 최고의 방법은 수행(修行)이다.

'행(行)'이라는 말이 의미하듯이, 수행은 몸과 마음과 삶의 흐름을, 천지인의 총체적 관점에서, 바르게 소통하는 일이다. 철학이 우리의 삶을 진공상태에서 관념적으로 이해한다면, 수행은 삶의 현장에서 자발적이고 통합된 직관적 인식을 목표로 한다.

따라서 수행은 자기중심적인 관념을 배제하고, 지금 여기에 존재의 모든 총체성을 부여하려는 노력이다. 나와 모든 생명을 하나로 연결하는 작업이다.

인간은 사회적 존재로서 사회적 역할을 부인할 수 없다. 그러나 인간은 고정된 관계로 존재하는 것이 아니라, 매 순간 새로운 생명현상의 관계에 놓여 있다. 전체 생명공동체의 관계망이 끊임없이 유동하기 때문이다.

따라서 고정된 사회적 역할에 매이지 말고, 본질과 현상 양면에서 자신의 본질적 존재와 상황의 변화에 따른 구체적인 역할을 동시에 바라보는 연습이 필요하다. 그 연습이 바로 수행이다. 물론 총체성을 회복하는 과정이 말처럼 쉽지는 않다. 그 과정에는 인고의 시간이 요구된다. 그러므로 공동체 차원의 따뜻한 배려와 적절한 교육이 무엇보다 중요하다.

AI는 인류의 미래에 양면성을 지니고 있다.

분리된 모든 정보를 통합하는 장점을 수행문화에 활용한다면, AI는 인간의 삶을 혁신하는 매개역할을 할 수 있다. 반면에 인간의 보편 정신이 결여된 물질과학에만 활용된다면, AI는 인류의 종말을 예고하는 터미네이터와 같은 존재가 될 수도 있다.

AI가 선도하는 미래사회는 결국 인간의 정신태도에 의해 결정된다. 그러므로 인간 본성을 회복하기 위해서는, 천지인을 하나로 연결하는 혼연일체의 삶을 지향할 수밖에 없다.

AI시대 인류의 생존은 수행을 통해 다양성의 물질세계와 통일성의 정신세계를 하나로 융합하는 의식전환에 달려있다. AI가 만들어내는 첨단 과학문명을 정신문화를 통해 조화롭게 융합하는 방향이 인류가 살 길이다.

우리 사회의 모순과 갈등을 해결하는 방법도 여기에 있다. 총체적인 관점에서 보면, 사회의 불균형과 갈등은 우리 모두의 잘못이다. 따라서 인간 생태계의 질서회복은 우리 모두가 유기적 전체로서 공동 생명체를 이루고 있다는 자각에서 시작한다.

‘우리’라는 말은 참으로 좋은 우리말이다.

그 말 속에 너와 내가 하나라는 공동체 의식이 담겨 있다. 공동체 의식을 회복하기 위한 전제조건은 진실한 삶에 대한 각성이다. 생명공동체에 대한 바른 인식에서, 대용서와 대화합의 정신이 나오는 법이다. 그때 비로소 계층 간의 차이를 이해하고, 서로 용서할 수 있다. 더불어 사회의 균형을 조율하는 노력을 함께 기울일 때, 갈등을 해소하고 분열을 하나로 융합할 수 있다.

역지사지(易地思之)의 수행 정신을 발휘해서, 개인과 사회의 총체성을 회복하길 소망한다.

16. 어린이교육의 바른 방향

인생을 생애주기별로 나누면 나이에 따라 유년기, 소년기, 청년기, 중년기, 그리고 노년기로 나눌 수 있다. 하지만 이 기준이 적용되는 상황은 과거와는 판이하게 다르다. 평균수명이 증가하고 있고, 개인의 잠재력을 무한한 영역에서 나이에 상관없이 펼칠 수 있기 때문에, 과거처럼 생애의 시기에 따른 역할을 명확하게 구분할 수 없게 되었다.

사무엘 울만(Samuel Ullman)의 시(詩) 〈청춘〉의 내용처럼, 인생의 절정을 의미하는 청춘기는 더 이상 나이로 결정되지 않는다. 그러나 사람마다 인생의 절정기는 달라도, 유년기는 누구나 대체로 비슷하다.

생명의 에너지를 따뜻하게 기르는 온양(溫養)의 단계를 잘 거친 아이는 몸과 마음이 허(虛)하지 않다.

생명의 자양분을 듬뿍 받고 자라야 할 시기에는 지나친 외부활동을 자제하는 것이 좋다. 어린 나이에 전문적인 영역에 입문한 경우에, 개인의 특성과 맞지 않으면 고유한 생명력을 일찍 소진할 수 있다. 무엇보다 그 시기에 받아야 할 보편적인 생활교육을 제대로 받지 못하면, 평생 남의 관리를 받아야 살 수도 있다.

내 인생이 남의 관리 하에 놓인다면, 그로 인한 피해는 클 수밖에 없다. 예를 들어, 사기 피해에 휘말리는 연예인들은 대부분 이런 경우다. 물론 부모나 특별한 관리자의 세심한 지도와 더불어 아이의 자발적인 노력을 통해, 보통 아이들보다 세상 물정에 밝고 지혜로운 어른으로 성장할 수도 있다.

천재적인 아이들과 사정은 다르지만, 현재 우리 사회의 보통 아이들은 대부분 성장주기에 맞는 제대로 된 교육을 받고 있지 못하다.

어린이는 누구나 나름의 천부적인 재능이 있기 마련이다. 하지만 지금까지의 교육은 개인의 개성과 능력을 살리기 보다는 유망한 직업인으로 성장시키는 데 초점이 맞춰져 있다. 전공별로 대학의 순위를 매기거나, 소위 명문대학에 입학하는 숫자로 초중고의 서열을 두는 것은 이러한 심리가 밑받침되기 때문이다.

물론 학부모의 뜨거운 교육열 덕분에, 지금의 산업사회를 이룩한 사실은 부인할 수 없다. 한국인들의 똑똑함과 적응력은 어떤 상황에도 탁월하기 때문에, 어려운 상황에서도 효과를 낸 것이다.

여러 글에서 반복해서 강조했듯이, 산업사회의 교육은 분업화된 이론과 물질 중심의 교육이었다. 총체성이 결여된 교육을 받은 사람의 특징은 목적을 위해서는 수단과 방법을 가리지 않는 경향이 많다.

교육이 개인과 사회를 핍박하는 원인이 되면, 그 교육은 일순간의 번영을 가져올 뿐 장기적으로는 사회 전체를 붕괴시키게 된다. 사회의 일그러진 인물들은 총체적 균형을 잃은 교육의 산물이다.

총체성을 상실한 교육으로는 앞으로 AI가 선도하는 융합문명사회를 대비할 수 없다.

지금 사회적으로 돈과 지위가 되는 전문적인 직업일수록, AI시대에는 가치를 잃을 수 있다. 예를 들어, 법률 계통이나 금융 계통의 직업 등은 AI가 빠르게 대체 가능하다. 의학 분야도 예외는 아니다. 지금 의료대란에도 불구하고 의대 지망생이 폭발적으로 늘고 있지만, 그들 모두가 의사로서 성공할 수는 없다.

물론 아무리 AI가 인간을 대체한다 해도, 각 분야의 최고 관리자는 인간이 될 수밖에 없다. 문제는 갈수록 적은 인원으로 관리가 가능하다는 점이다. 따라서 자신의 개성을 무시하고 특정 분야에 쏠리는 것은 스스로 무덤을 파는 것과 다를 것이 없다.

개인과 사회 모두의 앞날을 위해서 교육을 대전환해야 하지만, 이 일은 쉽지 않다. 교육도 산업화되어 있기 때문에, 얽히고설킨 실타래를 풀어주는 일이 필요하다. 이 점에서, 어린이교육에서 시작하는 것이 가장 안전하고 효과적이다.

다만 어린이교육 생태계의 안정적 전환에도 사회적 균형조율은 필요하다. 이 분야의 혁명적 변화에 대한 사회적 공감을 통해 기존 사업시스템의 출구 전략을 미리 마련해 주는 정책은 사회적 갈등과 대립을 소통시키는 모델링이 될 수 있다.

어린이교육은 교과의 내용과 형식을 생활교육 중심으로 전환하는 것이 바른 방향이다. 생활교육은 생태적 조건이 좋은 공간에서 이루어질수록 교육 효과가 높다.

인간은 자연에서 나와서 자연으로 돌아갈 수밖에 없는 존재다.

자연은 인간의 가장 큰 스승이다. 사실 인간이 발견한 과학법칙은 자연법칙의 일부분에 불과하다. 아이들의 창의력은 자연 속에서 체험학습을 통해 가장 잘 발달될 수 있으므로, 농촌의 전원지역을 어린이 교육에 적극 활용할 필요가 있다.

AI가 교육에 본격 활용되면, 교과 중심의 교사 비중은 줄게 된다. 오히려 몸과 마음 그리고 삶을 종합적으로 이해하고, 아이의 발달과정에 맞게 안내하고 관리하는 교사는 중요해진다.

생활습관이 바른 아이는 심신발달이 균형을 이룬다.

중심을 잡고 세상과 소통하는 능력이 생기면, 삶을 균형 있게 조율할 수 있는 눈이 생긴다. 앞서 〈융합창의력〉에서 강조했듯이, 균형의식은 융합창의력의 가장 기본적인 요소다.

어린이에게 필요한 것은 단편적인 지식이 아니라, 통합적인 능력과 자질을 키우는 일이다. 이것은 교사의 일방적인 교육이 아니라, 교사와 학생 간의 쌍방향 교육과 학습을 통해 이루어진다. 유년기에 형성된 총체적 관점과 태도는 향후 인생의 큰 자양분이 된다.

생활습관교육은 몸과 마음과 삶을 조화롭게 그리고 최적의 상태로 유지하는 법을 체득하는 체험학습이다. 부모와 교사가 모범을 보일 때, 아이는 바른 생활습관을 자연스럽게 익히게 된다. 그러므로 아이 교육을 통해, 교사와 부모가 동반 성장하는 효과를 볼 수 있다.

또한 어린이 생활습관교육에 관련된 모든 사람들이 함께 바른 삶의 태도와 지혜를 배울 수 있다. 이러한 기조가 사회로 확대되면, 우리 사회는 건강하게 된다. 다른 어떤 것보다 수행의 원리와 방법이 생활습관교육에 적용되면, 가장 강력한 효과를 볼 수 있다.

인생을 스스로 개척하는 법을 알고, 도리에 맞게 삶을 사는 것은 자신의 운명을 개선하는 최선의 방법이기 때문이다.

한편 어린이와 노인은 인생의 처음과 끝이라는 입장이 다를 뿐, 자연과 가장 가까운 존재다. 이 점에서, 자연친화적 어린이교육과 노인을 위한 수행문화가 함께 시너지 효과를 내면, 그 과정에서 청장년의 활력이 살아나고 인구감소로 인한 생산성 저하의 문제를 해결하게 된다.

단순히 인구를 늘리는 정책은 이제 힘들다.

시대 변화에 맞게 인구의 질적 향상을 도모해야 할 때다. 복잡하게 꼬인 사회문제를 앞과 뒤에서 동시에 풀어낸다면, 우리 사회는 빠르게 생명력을 회복할 수 있다.

17. 하늘의 선택은 사람이 아닌 변화

세상은 아득한 과거나 지금이나 끊임없는 변화 속에 있다.

인류가 상상할 수 없을 만큼 거대한 우주는 성주괴공(成住壞空)을 반복하고 있다. 우리가 속한 은하는 수천 억 개의 별들을 포함하는 엄청난 규모의 크기로, 나선형의 복잡한 구조를 이루고 있다. 천문학의 발달로, 이와 같은 은하가 우주에서 수없이 존재하다가 사라진다는 사실이 밝혀졌다.

대우주 속에서 인간의 존재는 과연 어떤 의미를 지니고 있을까?

인간이 세상의 중심인 것처럼 자연을 함부로 다루고 있지만, 인간은 대자연의 변화 앞에서는 미미한 존재일 뿐이다. 예를 들어, 중형급 태풍이 일본에 투하된 원자폭탄의 1만 배가 넘는 위력을 지니고 있다고 한다. 인간이 만든 어떤 발명품보다 자연재해는 인류사회의 명운을 쥐고 있다.

대기 밖에서 세상을 보면, 지구는 더욱 위태로운 상태임을 알 수 있다. 우주 공간을 떠돌아다니는 운석은 지구의 운명을 한 순간에 바꿀 수도 있다. 대표적인 사례로, 6600만 년 전에 지구를 강타한 칙술루브 소행성은 지구의 생태계를 완전히 뒤집어 놓았다. 그 당시 어마어마한 충격의 여파로, 공룡을 비롯해서 지구 생물의 75%가 멸종되었다.

이러한 자연에 대해서 노자는 '천지불인(天地不仁)'이라는 말씀을 남겼다.

하늘과 땅의 섭리는 매우 거칠어서, 인간을 특별히 고려하지 않는다는 의미다. 그래서 대자연은 만물을 '추구(芻狗),' 즉 '짚으로 만든 강아지'와 같은 하찮은 존재처럼 다룬다. 하늘의 선택은 인간이 아닌 변화다. 천지의 변화와 동행할 때, 인간은 하늘의 섭리와 하나가 되는 것이다.

진리의 섭리와 융화된 성인(聖人)은 자연의 흐름과 동행(同行)했다. 그러나 인류는 성인의 가르침을 망각하고, 자연에 역행하며 문명을 발전시켜왔다. 우리가 자연을 함부로 할수록, 우리는 그에 상응하는 대가를 치룰 수밖에 없다.

인류가 앞으로 살아남을 수 있는 유일한 길은 변화의 도리에 맞는 삶을 사는 데 있다. 변화에는 진리와 현상 양면의 도리가 있다. 진리 차원의 도리는 진실한 삶이다. 현상의 도리는 시대 변화의 흐름에 맞는 끊임없는 혁신이다.

진실한 삶이라도 문명의 변화에 역행하면, 생존 경쟁력에서 떨어지게 된다. 반대로 물질적 변화만 따라가면, 도덕적 타락으로 작게는 개인과 가정, 크게는 기업과 사회의 질서가 무너진다. 그러므로 인류생존의 필수조건은 물질과 정신 양면에서 조화를 이루며 변화에 대응하는 일이다.

현상적 변화와 동행하기 위해서는 순행(順行)과 역행(逆行)의 도리를 동시에 알아야 한다.

예를 들어, 비행기는 자연의 구조와 힘을 역이용해서 발전했다. 앞으로 비행기의 발전은 중력과 대기의 성질에 해당하는 자연력에 대응해서, 추진력을 향상시키는 엔진기술뿐만 아니라, 저항력을 조율하는 공기역학, 양력을 향상시키는 날개의 모양과 각도, 그리고 기체의 재질 개발 등에 달려있다.

이처럼 과학기술과 자연법칙이 어떻게 융합하느냐가 미래문명의 관건이다. 융합은 하나로의 통일이 아닌, 다양성과 통일성의 조화다. 세상을 이루는 모든 요소는 각기 독특한 생명력이 있다. 다양한 생명파동이 전진과 후퇴를 반복하며 음양의 조화를 이룰 때, 모든 존재는 제 기능을 할 수 있다.

과학기술이 발전할수록, 극미한 부분과 광대무변한 우주 전체에서 비물질적인 변화가 중요해진다. 이러한 시대 변화에 대응하는 데도 역(易)의 이치가 있다.

기존의 물질 중심의 세계관에서 탈피할 때는 빠르게 나가고, 물질과 정신이 융합하는 시대로 들어갈 때는 단계별로 천천히 진입하는 것이 대격변의 시대에 살아남는 비법이다.

천지인 3대요소의 변화에 대비하는 정도에 따라, 개인의 인생과 사회의 앞날이 좌우된다. 태풍에 순기능과 역기능이 있듯이, 모든 변화에 대처하는 능력에 따라 선순환과 악순환이 결정된다. 인간은 천지와 동행하며 발전하는 법을 알아야 한다.

시간, 공간, 사람 중에서 시간은 우리 맘대로 바꿀 수 없다. 공간을 변화시키는 것은 힘들지만, 가능하다. 공간의 변화에는 두 가지 측면이 있다. 하나는 공간 자체를 인위적으로 개조하는 일이다. 삶의 환경을 전환하는 일에는 전체 생명의 생태적 조건을 고려해야 한다.

공간의 다른 측면은 한 공간에서 다른 공간으로의 이동이다. 공간이 바뀌면, 시간은 변한다. 왜냐하면 공간에 존재하는 에너지의 흐름이 다르기 때문이다.

천지인 중에서 가장 중요한 요소는 모든 생명을 대표하는 사람이다.

사람이 변하지 않으면, 아무리 시간과 공간이 바뀌어도 결국은 사람의 습성대로 모든 것이 흘러가게 된다. 비슷한 것끼리 뭉치는 동기상구(同氣相求)의 법칙이 작용하기 때문이다.

일부 역술가들은 앞으로 정역(正易)의 시대가 온다고 주장한다. 항간의 소문처럼, 정역의 시대에 지축이 바로 선다면, 세상은 어떻게 될까? 현재 지구의 지축은 23.5도 정도 기울어 있다. 절묘한 기울기로 인해 계절의 변화가 생기고, 다양한 생명이 존재할 수 있게 되었다.

만약 지축이 바로 선다면, 지구의 한쪽은 너무 뜨겁고, 다른 한쪽은 너무 춥게 된다. 사실상 생명의 전제조건인 음양(陰陽)의 순환이 사라지게 된다. 생명의 교류가 막히면, 대부분의 생명은 종말을 맞이할 수 있다.

정역의 진정한 의미는 변화의 도리에 맞게 사는 것을 의미한다.

나는 융합문명시대가 정역의 시대라고 생각한다. 모든 정보가 실시간으로 공유될 수 있는 AI시대에는 진실한 삶의 도리로 세상의 변화를 선도하는 사람만이 살아남을 수 있기 때문이다.

기업에는 특히 변화의 이치를 아는 인재가 필요하다.

단순히 전문적인 지식만 갖춘 인재는 AI로 인해 필요성이 점점 떨어지게 된다. 또한 어떤 한 방향으로 무조건적으로 돌진하는 인재는 상호작용의 반발력으로 인해 살아남기 힘들다.

우리나라는 땅도 넓지 않고 천연자원도 부족하기 때문에, 무역을 통해 먹고 살 수밖에 없다. 이 점에서, 기업인의 정신이 중요하다. 해방 이후 1세대 기업가들의 최대 화두는 물질적 풍요였다. 당시의 인재교육은 물질이란 목적을 얻기 방편이었다.

그러나 AI시대의 기업가들에게 놓인 화두는 반대로 물질이란 수단을 통한 삶의 질적 향상이다. 따라서 기업인의 도덕적 정신교육이 갈수록 중요하다.

전체 산업의 규모가 작았을 때는, 각자 분업화된 영역에서 자기 이익만 추구해도 별 문제가 없었다. 하지만 경제규모가 커지면, 부분과 전체의 조화를 보는 통찰력이 기업인에게 요구된다. 앞으로 우리 사회의 명운은 시대의 변화를 통합적으로 꿰뚫어 보는 기업가의 양성에 달려있다.

18. 위기에 대응하는 도리

우리는 지금 대변화의 시기에 살고 있다.

대변화에는 대위기가 함께 동반하기 마련이다. AI는 산업생태계의 극적 전환을 주도하고 있다. 먹고사는 방식이 바뀌면, 그에 근간한 사회구조도 변하게 된다. 사회구조의 변화는 기존 사회를 뒷받침하고 있던 이념의 전환을 의미한다.

문제는 사람들의 관념과 사회변화의 흐름이 일치하지 않는다는 점이다. 사람들마다 변화에 적응하는 속도의 차이가 있기 때문에, 일종의 아노미(Anomie) 현상이 벌어진다. 특히 문명대전환이 진행되고 있는 시대에는 세대와 계층 간에 가치와 규범의 혼란은 더욱 크기 마련이다.

자연의 변화에서 우리는 위기에 대응하는 도리를 배울 수 있다.

공자가 주역에서 강조하는 도리는 무엇보다 '반복도야(反復道也)'의 이치다. 하늘의 도는 반복을 통해 세상의 생멸을 좌우하고 있다. 우리는 매일 일어나고 있는 미세한 변화를 거의 느끼지 못하지만, 쉬지 않고 일어나는 미미한 변화작용이 쌓여 계절의 변화를 이룬다.

지구는 엄청난 속도로 공전과 자전을 반복하고 있지만, 한 치의 오차도 용납하지 않는다. 만물은 제 위치에서 제 기능을 하면서, 모든 순간에 대자연의 변화에 동참하고 있다. 지구 안과 밖의 미세한 변화와 천문학적인 크기의 변화가 조화를 이루면서, 부분과 전체가 동시에 새로운 세상을 만들어가고 있다. 끊임없는 변화의 흐름에 동행하지 못한 모든 것은 사라지는 법이다.

위기의 원인은 일상의 변화 속에 있다.

인간의 역사도 마찬가지다. 하루하루 평범한 일상의 반복이 모여 사회의 변화를 이룬다. 그러나 단순한 반복이 아니라, 끝없는 자기 혁신의 자세로 일상에 성실히 임할 때, 보다 나은 시대를 맞이할 수 있다.

뜻이 높은 사람은 현실에 만족하지 않고, 끊임없이 자기개발을 추구한다. 그렇다고 우리가 자신에게 주어진 운명을 거부할 필요는 없다. 각자에게 주어진 삶의 조건은 자신을 개선하는 기준이 되기 때문에, 감사한 마음으로 운명을 수용하는 것이 바람직하다.

그러나 여기서 만족하면 변화의 흐름에서 뒤쳐지게 된다. 더군다나 지금은 약육강식의 생존경쟁이 치열한 대변혁의 시대다. 이 시기에 살아남기 위해서는 우리 모두 뼈를 깎는 자기성찰과 혁신이 필요하다.

인간이 짐승과 다른 점은 주어진 운명에 대항해서 자신의 한계를 극복하는 데 있다.

이 점에서, 에머슨은 산문 〈운명〉에서, 운명에 대항하는 '엄청난 반항심'을 지녀야 한다고 말했다. 에머슨의 운명론은 새로운 미국을 건설하려는 당대와 후대의 지도자들에게 많은 정신적 자양분을 제공했다.

사실 인류문명의 발전은 모두 자연에 대항한 인간의 투쟁 결과다. 다만 지나치게 물질적 측면의 발전에 치중된 점이 문제가 되고 있다. 물질적 환경의 수용과 극복의 양면적 노력을 이제는 정신적 측면에서도 집중해야 할 때가 되었다.

사람들은 특별한 것을 기대하는 심리가 있다.

그래서 특히 격변의 시기에는 역술, 예언, 점술, 풍수 등이 기승을 부린다. 그러나 우주의 섭리는 철저한 인과응보의 법칙이다. 뿌리고 가꾸는 대로 거두는 법이다. 착하게 사는데, 삶은 고통으로 가득하다는 사람들의 말을 종종 듣는다. 아쉽게도 세상의 변화는 악인과 선인을 구별하지 않는다.

오직 천지인, 즉 시간과 공간과 인간이 총체적인 관계를 맺고 변화하는 흐름에 적절하게 대응하는 사람만이 성공과 행복의 결실을 누릴 뿐이다. 착하게 살아도 변화에 도리에 맞지 않으면, 실패와 불행의 쓴맛을 볼 수밖에 없다.

수행문화가 인류에게 필요한 이유는 끝없이 자기 자신을 갈고닦는 수행만이 정체되지 않은 삶을 보장하기 때문이다. AI는 24시간 정보를 탐색하고 새로운 정보를 융합해내고 있다. 그런데 인간이 고정된 운명을 믿고 산다면, AI가 인류를 지배할 수 있는 바탕을 마련해주는 것과 같다.

이와 반대로 우리는 AI를 활용해서 스스로 운명을 진단하고 새롭게 설계해서, 운명의 주인으로 거듭나야 한다. 모든 성인(聖人)은 혹세무민의 수단이 되기 쉬운 운명론을 거부하고, 대자유를 지향했다. 성인들이 공통적으로 한 말씀은 도리에 순응하되, 자유롭게 사는 이치에 관한 것이다. 특별한 예언은 사람들을 깨우고 인도하는 방편으로 사용된 점에 각별히 주의할 필요가 있다.

주역 전체는 우리에게 '위기의식'을 가르친다.

모든 변화에는 위기가 잠복하고 있기 때문에, 변화의 단계마다 도리에 맞게 철저한 대비를 하라고 역은 경책하고 있다. 행복은 잠시일 뿐이고, 대부분 고통인 것이 세상사다. 이 때문에 잠시라도 방만한 태도를 보이면, 큰 화를 당할 수 있다.

건전한 마음가짐은 특히 기업에서 중요하다.

한국의 기업을 대표하는 삼성을 예로 들 수 있다. 삼성이 지금 위기를 맞이한 이유는 위기경영의 가치가 도리에 맞지 않게 퇴색되었기 때문이다. 어떤 조직도, 균형과 조화를 무시하고 어느 한 방향으로 치우치면, 위기를 맞게 되어있다.

삼성이 다시 초격차를 지향하는 선도기업으로 재탄생하려면, 정신을 바르게 깨워야 한다. 단순한 물리적 지식만이 아니라, 세상의 변화를 읽는 통합적인 지혜가 삼성에 필요하다. 그러자면 조직의 조율 능력을 저해하는 각종 묵은 독소를 제거하는 것이 급선무다.

디톡스(Detox)는 사람이 존재하는 모든 조직에는 필수불가결한 요소다. 자연은 가을에 무성한 잎을 떨구고, 겨울동안 새로운 생명에너지를 키운다. 마찬가지로 인간조직도 똑같은 과정을 반복하면서, 끊임없이 새롭게 거듭남이 위기를 극복하는 유일한 방법이다. 모든 것은 변화의 과정에서 허물이 생기기 마련이기 때문이다.

이 점에서, 공자는 역(易)의 도리가 주는 "요점은 허물을 없애는 것이다(其要无咎)."라고 말씀했다.

지위와 위치에 따라 허점을 방비하는 방법은 다르다. 특히 높은 위치에 있는 사람이 주의해야 할 도리가 있다. 주역의 중천건(重天乾) 상구(上九) 효사에 나오는 '항룡유회(亢龍有悔)'란 경책이 그것이다. 너무 높이 올라간 용은 후회가 있으므로, 밑을 살펴야 한다는 의미다.

누구나 높은 사람이 되고자 하고, 큰 기업을 일구고 싶지만, 지위와 위치가 올라갈수록 변화에 대응하는 현실감각은 떨어지게 된다. 장차 크게 되려고 하는 자는 아래를 살펴야 하는 도리가 여기에 있다.

따라서 역지사지(易地思之)의 자세로, 항상 넘치는 것을 덜어내는 태도를 지니는 것이 현명하다. 대기업이 군살을 제거해서 중소기업에 보태준다면, 우리 경제는 선순환의 생명활동을 지속할 수 있다.

우리 기업이 미국 기업에서 배워야 할 것 중의 하나는 혁신적인 기술이나 아이디어를 가진 창업기업인 스타트업을 장기적인 관점에서 투자하는 점이다. 우리의 스타트업 투자는 상당히 단기적이고, 더욱이 신생 기업의 노하우를 제대로 평가하지 않고 가져가려는 경향이 적지 않다. 부조리한 방법으로 일순간의 이익은 높아지겠지만, 이런 태도는 기업문화를 타락시키는 결과를 가져오기 마련이다.

기업의 정신이 부패하면, 대기업은 더욱 빨리 망할 수 있다.

개인도 살아가는 데 정신건강이 가장 중요하듯이, 기업도 경영문화
의 수준이 기업가치의 가장 중요한 척도가 된다. 위기가 상존하는
대변혁기에는, 수행문화로 기업문화를 건강하게 회복할 필요가 있
다.

19. 군자불인(君子不仁)

고대 동양사회에서 군자는 학식과 덕행이 높은 사람을 일컫는 말이었다. 이 말은 나중에는 와전이 되어 벼슬이 높은 사람을 뜻하기도 했다. 아마도 고위 관직에 있는 사람이 도덕과 지혜를 겸비하기를 바라는 사람들의 마음이 투영된 것인지도 모르겠다. 군자의 본뜻은 성인(聖人)의 도리를 추구하는 지도자를 의미한다.

산업의 경계가 사라지는 AI시대에는 군자의 정신으로 조직경영에 임하는 자세가 대기업을 포함한 모든 국가 조직의 장(長)에게 요구되고 있다. 그렇지 않으면, 문명전환의 대위기를 극복할 수 없다. 이 점에서, 군자의 마음가짐을 성찰해볼 필요가 있다.

군자의 마음가짐을 단적으로 엿볼 수 있는 말은 '군자불인(君子不仁)'이라는 표현이다. 이 말은 노자의 《도덕경》 〈5장〉에 나오는 '성인불인(聖人不仁)'이란 말씀에서 유래한다. 여기서 '불인(不仁)'은 '인함이 없다'는 뜻이 아니다. 그것은 '인함에 치우치지 않는다'를 의미한다.

이 말씀의 뜻을 제대로 이해하려면, 공자의 '인(仁)'에 관한 상이한 해석을 보는 것이 좋다. 인(仁)은 단순히 '인자하다,' '어질다' 등의 의미로만 쓰이지 않는다. 인(仁)은 공자의 핵심사상으로, 천지의 섭리를 인간관계의 도리로 전환한 것이다.

앞서 〈하늘의 선택은 사람이 아닌 변화〉에서 인용한 "하늘과 땅의 섭리는 매우 거칠다(天地不仁)."는 노자의 말씀처럼, 대자연은 변화의 도리를 따를 뿐 선인과 악인을 구별하지 않는다.

현상세계에서는 상대성이 작용하므로, 인(仁)은 진실한 마음으로 상대방을 대하는 충서(忠恕)의 도리이기도 하다. 충서는 역지사지의 이치를 담고 있다. 예수의 황금률, 석가의 연기법 등이 모두 같은 도리를 담고 있다. 작용에 대한 반작용의 물리법칙이기도 하다.

공자는 《논어》〈이인편〉에서 "참으로 인에 뜻을 두면, 누군가를 미워함이 없다(苟志於仁矣, 無惡也)."고 말씀했다. '미워함이 없음(無惡)'은 역으로 '편애함도 없다'는 뜻이다. 상대방이 도리에 맞지 않게 행동할 때는 그에 상응하는 태도로 대할 수밖에 없다.

같은 맥락에서, 공자는 〈헌문편〉에서 "군자로서 인하지 않은 사람은 있을 수 있다(君子而不仁者有矣)."고 부연 설명했다. 여기서 주의할 점은 공자가 의미하려는 본뜻이다. 성인의 정신을 추구하는 군자는 어떤 특정한 사람이나 사안에 대해 특별한 감정을 두지 않고, 공평무사(公平無私)하다. 따라서 군자는 상황에 따라서는 몹시 거칠게 대응할 수도 있다는 의미다.

핵심은 처사가 도리에 맞는가 하는 점이다. 어떤 조직이 변화의 도리에서 벗어날 때, 엄정한 잣대를 들이대고 잘못을 바로 잡는 것은 공명정대한 처분이다.

우리 사회는 지금 엄청난 격랑 속에 있다. 그 격랑 속에서 살아남기 위해서 모든 기업은 위기경영에 임하고 있을 것이다. 위기에 살아남는 방법은 사적인 이익을 뒤로 하고, 공익을 위해 서로 협력하는 자세다.

그러나 이것은 평소 공평무사의 정신이 기업문화로 자리를 잡고 있는 곳에서 가능하다. 종을 부리듯이 임직원을 함부로 한 조직에서는 이런 희생정신을 찾기 힘들다. 아마도 그런 조직에서는 위기 시에 서로 제 살길 찾기 바쁠 것이다.

여기서 더욱 중요한 점은 조직 내의 합심이 과연 변화의 도리에 부합하는지 여부다. 이 점에서, "소경이 소경을 인도하면 둘 다 구렁에 빠진다."는 예수의 말씀을 음미해볼 필요가 있다. 조직이 추구하는 방향이 시대변화의 흐름에 역행한다면, 그 조직은 소경의 집단과 다를 것이 없다.

기업에 도덕군자가 있기를 기대할 수는 없지만, 거의 모든 정보가 실시간으로 공유되는 디지털사회에서 기업의 사회적 책임은 거스를 수 없는 대세다. 경영, 경제의 진정한 가치는 공평무사한 생명활동의 도리를 따르는 것이다.

우리 사회의 위기는, 역으로 보면, 그동안 곳곳에 쌓인 독소를 제거하는 좋은 기회이기도 하다. 이번 기회에 정도경영의 원칙을 바로 세울 필요가 있다. 경영원칙에는 무엇보다 두 가지가 중요하다.

가장 중요한 원칙은 널리 인간을 이롭게 하는 대원칙을 가지고, 기업의 독특한 세부목표를 세우는 일이다.

아무리 세상이 바뀌어도 인간사회를 위해 기업이 존재하는 기본가치는 변함이 없다. 구체적으로 어떤 점에서 사회를 이롭게 할 것인가는 기업의 인적, 기술적 노하우에 달려있다.

그 다음 두 번째 원칙은 조직의 균형을 조율하는 일이다.

기업 내의 인적 구성, 부서 간의 견제 장치 등이 서로 균형을 유지하고 있으면, 변화의 흐름에 쉽게 무너지지 않는다. 그러나 균형추가 무너진 기업에서는 위기에 대응하는 탄력성을 기대하기 힘들다.

자신에게 충성하는 사람을 좋아하는 것은 인간의 기본 심리다.

그러나 '비순응주의자'가 조직을 살리는 법이다. 주변에 반대하는 목소리가 사라지면, 어떤 조직이든 방향성을 상실하기 쉽다. 입장이 다른 상대가 있기 때문에, 자신을 돌아볼 수 있는 기회가 생긴다.

따라서 대표는 어떤 정책을 세울 때, 항상 그 정책의 양면을 동시에 고찰할 필요가 있다. 반대의 목소리를 충분히 경청한 후에, 세밀한 조율을 통해 최종 결정을 내리는 것이 현명하다.

이 점에서, 기업 활동에는 단순히 기술적인 자문만 필요한 것은 아니다. 기업의 대표, 임직원, 그리고 향후 나아갈 방향 등을 아우르는 도리에 관한 자문이 필요하다. 미국의 여러 기업에서 이른바 현자(賢者)의 자문을 경영에 적극적으로 도입하는 사례가 많다.

예를 들어, 워런 버핏과 한 끼 식사를 함께 하는 데 수억 원을 지불하기도 한다. 기업인들이 그에게서 듣는 것은 투자 노하우만이 아니다. 버핏은 경영뿐만 아니라 인생의 중요한 도리를 알려준다.

버핏은 삶과 경영의 근본적 도리를 에머슨의 저서로부터 배웠다. 에머슨은 진리를 추구한 수행자로서, 그의 인생원칙은 한마디로 인과의 대법칙을 따르는 것이다. 에머슨이 변화에 대응하는 도리는 공자가 주역의 도리로서 제시한 것과 크게 다르지 않다.

에머슨은 삶의 양극적 모순을 헤치고 중도적 진실을 추구했다. 비평가들이 에머슨을 미국의 공자라고 평가하는 이유는 그가 공자와 비슷한 관점에서 진리를 추구했기 때문이다. 에머슨의 인생원칙은 미국 지도자들의 경영원칙에 많은 영향을 주었다.

수행정신문화가 미래사회의 핵심화두가 될 것이다.

수행의 핵심은 건강이다. 건강문화로 사회의 독소를 제거하는 것이 우리 사회의 건전성을 회복하는 가장 안전한 방법이다. 건강은 정치, 종교 등을 초월해서 남녀노소 누구나 직면하고 있는 공통적인 관심사이기 때문이다. 앞서 수행문화로 우리 사회의 복합적인 문제들을 해결하는 방법들을 제안했다.

앞으로 뜻이 있는 분들과 함께, 인간교육과 수행문화 양방향에서, 건강교육문화를 융합한 콘텐츠와 프로그램을 사회에 보급하는 데 모든 힘을 쏟을 예정이다.

20. 송구영신(送舊迎新)의 바른 마음가짐

한 해가 저물고 새로운 해가 시작되는 것은 자연의 당연한 섭리이지만, 묵은해를 보내고 새해를 맞이하는 분위기는 사회의 상황에 따라서 매우 다르다. 특히 2024년의 말미에서 송구영신의 의미는 우리에게 특별하다.

우리는 지금 문명대전환의 혼란기에 살고 있다.

외부 요인들이 변화의 격랑 속에 있는 와중에서, 설상가상으로 우리는 내부적으로도 정치, 경제 등 모든 영역에서 큰 시련을 맞이하고 있다. 변화는 늘 새로운 위기를 동반하지만, 지금의 변화는 모든 악조건이 하나로 응집되어 대폭발을 앞두고 있는 최악의 상황이다. 현상의 변화이치를 가장 잘 드러내고 있는 역(易)에서, 대위기의 상황을 대기회의 전기로 삼는 지혜를 찾아보자.

본질적으로 보면, 지구상에서 일어나는 아무리 큰 변화도 우주의 거대한 흐름을 막을 수 없는 티끌 같은 미미한 움직임에 불과하다. 그러나 현상적 측면에서 보면, 우리에게 현재 닥치고 있는 변화는 절체절명의 기로에서 선택을 강요하고 있는 엄청난 충격이다.

이 상황에서, 우리는 무엇을 선택해야 하는가?

주역은 무엇을 선택하기보다는, 바른 이치를 추구하라고 가르치고 있다. 역(易)은 음양의 변화를 통해 세상의 흐름을 설명하고 있다. 양(陽)을 대표하는 중천건(重天乾)과 음(陰)을 대표하는 중지곤(重地坤)에서, 변화에 대처하는 마음가짐을 알려주는 대목이 있다.

먼저 중천건 용구(用九)에, "뭇 용이 머리를 감추니, 길하다(見群龍无首, 吉)."는 내용이 나온다. 용구는 중천건의 특별한 효(爻)를 지칭하는 것이 아니라, 양(陽)의 본질적 의미와 활용을 설명하는 내용이다. '뭇 용(群龍)'은 미래사회를 이끌어갈 각계각층의 지도자를 의미한다. 여기서 핵심은 '무수(无首)'라는 말이다. 이 말의 뜻을 자세히 음미해 보면, 변화를 대하는 바른 마음자세를 알 수 있다.

무엇보다 첫째, 앞에 나서지 않고 일을 처리하는 것이 순리다.

이 해석은 노자가 《도덕경》에서 삶의 원칙으로 내세운 세 가지 원칙 중의 하나인, "감히 세상사람 앞에 먼저 나서지 않는다(不敢為天下先)."는 말씀과 통한다. 크게 되려는 사람은 낮은 곳에 처할 줄 알아야 한다는 이치를 담고 있다.

둘째, 관념적 사고에 사로잡히지 말아야 세상을 바르게 볼 수 있다.

세상은 관념으로 존재한다. 우리가 상대하는 모든 대상에는 우리의 관념이 투영되어 있다. 사람마다 세상을 보는 시각이 다르기 때문에, 옳고 그름에 관한 판단기준이 서로 다를 수 있다. 서로가 다른 관점으로 대치하면, 끝없는 갈등을 야기할 뿐이다.

편견을 배제하고 객관적으로 상대를 바라볼 때, 개인과 사회의 안정적 발전을 기대할 수 있다. 객관성을 기르는 제일 좋은 방법은 자기중심적인 분별과 감정을 배제하고, 제3자의 입장에서 자신과 상대방을 있는 그대로 바라보는 훈련이다.

셋째, 변화의 방향은 정해져 있지 않다.

변화는 우리가 원하는 대로 흘러가는 것이 아니라, 작용과 반작용의 대세를 따라간다. 변화를 주도하고자 하는 세력들 사이에서 상호작용의 결과에 따라 변화의 방향은 달라진다. 물질과 정신의 융합이 미래사회의 화두이지만, 어떤 방향으로 어떻게 구현될지는 아무도 예단할 수 없다.

따라서 우리는 변화흐름의 양면인 작용과 반작용을 동시에 고려하고, 도리에 맞게 일신우일신(日新又日新)의 자세로, 미래를 대비하며 현재를 성실하게 사는 것이 최선이다.

넷째, 음양의 율려작용(律呂作用)은 자연스런 생명현상이다.

모든 자연현상은 음양, 즉 생명력의 발산과 수렴의 양극단으로 나뉘어, 서로 갈등하는 과정을 거쳐 중화되기 마련이다. 이러한 현상은 인간사회에서도 마찬가지다. 나와 상대하는 편은 내가 존재할 수 있는 근거가 된다. 묘하게도 내 적이 나를 살리는 보호막인 셈이다.

같은 맥락에서, 에머슨은 산문 〈보상〉에서 "비난이 칭찬보다 안전하다."는 말을 했다. 증오는 상대의 세력을 더욱 키울 뿐이다. 상대가 진실로 잘못되었다면, 상대의 행태를 반면교사로 삼아 나의 도리를 찾는 것이 최상의 길이다.

한편 음(陰)이 대표하는 의미는 중지곤 용육(用六)에서 볼 수 있다. 공자는 용육에 대한 해설에서, "상사에서 이르기를, 용육으로 영원히 올곧으면, 위대하게 끝맺게 된다(象曰, 用六永貞, 以大終也)."고 말씀했다. 용육은 '올곧음(貞)'의 도리와 그 결과를 암시한다.

첫째, 올곧음은 변화의 위험 속에서 바름을 지켜나가는 도리다.

세상에 영원한 것은 없지만, 올곧은 도리는 영원히 존재한다. 도리에 어긋난 세력들이 세상을 소유할 것 같지만, 결국 세상은 바른 도리를 따르는 쪽으로 선회하기 마련이다.

둘째, 올곧음은 변화의 흐름을 따른다.

지금 세상은 AI가 주도하는 변혁의 시기에 있다. 인류문명은 폐쇄적인 물질문명사회에서 개방적인 융합문명사회로 빠르게 재편되고 있다. AI가 정보통신기술, 양자물리학, 심신의학 등과 같은 첨단과학기술에 적용되어 이러한 변화를 가속화하고 있다.

선진국은 이미 문명의 대전환에 적극적으로 대응하고 있는데, 우리가 작은 밥그릇 싸움 때문에 서로 미워한다면, 어떻게 되겠는가? 우리는 선진국 문턱을 넘어가지도 못하고, 대세의 흐름에서 낙오될 수 있다. 우리가 살길은 서로를 이해하고, 용서하고, 바른 도리를 회복하는 수밖에 없다.

셋째, 올곧음은 곧 중정(中正)의 이치다.

중정이란 중도(中道)와 정도(正道)를 함께 일컫는 말이다. 그 뜻은 앞서 언급한 자연 현상으로서 음양의 율려작용과 일치하고, 정신문화로서 바른 도덕을 의미한다. 지금은 AI가 물질문명을 극단으로 몰고 가고 있다. 그러나 물질이 극에 이르면, 반드시 물질과 정신의 지나친 불균형에 대항하는 반작용이 일어나기 마련이다.

그러나 이때 인간이 물질문화에 걸맞은 정신문화를 확립하지 못하면, 물질이 인간의 주인이 되는 주객전도의 현상이 발생하게 된다.

변화에도 도리가 있고, 바른 도리에 역행하면 인류는 살아남기 힘들다.

넷째, 올곧음은 변화에 따른 바른 관계를 유지하는 일이다.

변화의 3요소인 천지인, 즉 시간과 공간과 사람의 관계는 모두 시작하는 대로 끝나고, 끝나는 대로 다시 시작한다. 역의 시간관념은 시종(始終)이 아니라, 종시(終始)다. 이러한 이치로 '위대한 끝맺음(大終)'은 '위대한 시작(大始)'를 낳는다.

중점은 끊임없는 생명활동의 연속에 있다.

다만 3요소의 관계가 균형을 유지하는 정도는 종시(終始)와 성패(成敗)의 대소(大小)를 좌우할 따름이다. 바른 도리는 끝과 시작을 단단하게 맺어주는 역할을 한다.

역(易)이 주는 교훈은 결국 양극적 대상에 걸림 없는 지혜가 대변혁의 시기를 밝히는 등불임을 알려주고 있다.

바른 지혜는 우리 모두가 하나의 생명공동체를 이루고 있다는 자각에서 싹튼다. 미움과 편견은 우리 자신을 우물 안 개구리로 만들 뿐이다. 바른 도리에 대한 믿음이 진정한 믿음이다. 모든 성인(聖人)은 표현을 달리 했을 뿐 공통적으로 중정(中正)의 도리를 말씀했다.

모든 존재를 감싸는 하나의 생명의식으로 마음의 평화를 유지하고,
힘차게 새날을 맞이하자.

21. 융합사회를 이루는 길

우리는 사회의 질서가 새롭게 전환하는 대변혁의 시대에 살고 있다. 새로운 경제질서가 유입되면서, 모든 영역에서 기존의 체계가 무너지고 새로운 체계가 성립되는 과정 중이다. 지금의 대변화는 어느 특정한 사회에 국한된 것이 아니고, 지구적인 차원에서 벌어지고 있는 현상이다. 인류사회를 이루는 좌우, 상하 등의 대칭 구조가 모두 새롭게 전환될 수 있다.

이 과정에서, 바른 질서를 회복하고 단단한 정신문화를 세우는 나라는 앞으로 세계를 선도할 수 있다. 우리나라가 선도국가가 되길 소망하는 마음으로, 역술의 관점이 아닌 변화의 도리에서 융합의 방법을 성찰해보겠다.

주역에서 융합의 이치는 화풍정(火風鼎)에서 찾을 수 있다.

융합을 이루는 과정에는 많은 인내와 수고가 필요하다. 이 괘는 무엇보다 먼저 사회의 법도를 바로 세워야 한다는 점을 알려주고 있다. 새로운 시대에 맞는 바른 도리를 세우자면, 사회의 소통을 막고 있는 장애를 치우는 것이 급선무다.

이 일에는 먼저 대의명분을 충분히 쌓으면서, 바른 뜻을 지닌 인재를 구하는 것이 순리다. 그런 연후에 여론과 환경이 무르익었을 때, 양극단을 중화시키는 도리로 융합을 이끌어낼 수밖에 없다. 시간과 공간과 사람의 3요소가 서로 조화를 이룰 때, 새로운 융합은 성공할 수 있다.

융합의 첫째 원칙은 소통을 막고 있는 불순물을 비우는 일이다.

독소가 제거된 상태에서 재료들이 섞일 때, 순수한 융합물이 생성되는 법이다. 이것은 "새 포도주는 새 부대에 담아야 한다."는 예수의 말씀과 상통한다. 이 일은 일종의 적폐청산(積弊淸算)에 해당한다.

그러나 오랫동안 쌓인 각종 악습을 한꺼번에 제거하는 일은 쉽지 않다. 적폐청산이 힘든 이유를 산풍고(山風蠱)에서 찾을 수 있다. 이 괘에서는 악습을 제거하는 일을 부모의 잘못을 고치는 것에 비유하고 있다. 자식의 입장에서 아버지나 어머니의 허물을 고치는 일은 함부로 할 수 없는 매우 힘든 일이다.

여기에는 명분을 쌓고 공감을 끌어내는 시간과 진심어린 정성이 필요하다.

그러나 인류문명사에서 적폐청산은 강자가 약자를 죽이는 방식이었다. 인류의 역사는 한마디로 강자의 역사이고, 왜곡의 역사다. 우리는 미국을 대통합의 국가로 알고 있지만, 정치적인 통합과정에서 다양한 인종과 민족 사이에서 수많은 갈등과 다툼이 있었다. 지금도 갈등의 씨앗은 내재해 있고, 언제든지 분쟁으로 비화될 수 있는 상황이다.

에머슨의 통합정신을 미합중국의 정신이라고 비평가들이 주장하는 이유는, 역으로 보면, 통합을 갈망하는 간절한 마음이 투영된 것이기도 하다.

어느 나라든 정치의 주도권이 바뀔 때마다, 사회정의는 모든 사람에게 평등하게 주어지지 않았다. 그러나 앞으로는 서로를 죽이는 방식이 아닌, 서로의 결점을 보완해서 전체 사회를 살리는 방향으로 적폐청산을 해야, 융합문명사회를 이룰 수 있다.

융합문명사회에서 인류의 생존조건은 소통과 융합이다.

AI의 등장으로 소통을 통해 융합이 조율되지 않으면, 역사상 유래가 없는 첨단장비들의 개발로 인해 인류가 지구상에서 순식간에 사라질 수도 있기 때문이다. 따라서 형식적이고 일방적인 위계질서와 분업화된 물질적 가치보다는, 서로 교류하고 협력하는 총체적 정신문화가 무엇보다 인류의 생존에 필수적인 요소가 되고 있다.

융합의 두 번째 중요한 원칙은 절도와 바른 도리다.

융합은 새로운 것을 만드는 강한 폭발력을 지니고 있기 때문에, 극히 위험한 상태이기도 하다. 따라서 그 과정에서 절도와 바른 도리를 지킬 때, 위험에서 벗어날 수 있다. 상대의 허물을 끊임없는 비판의 수단으로 삼기보다는, 그것을 반면교사로 삼아 절도 있게 질서를 확립하는 것이 현명하다.

이 점에서, 사회의 질서를 회복하는 시발점은 나 자신을 바로 세우는 일이다. 수신제가(修身齊家) 이후에 치국평천하(治國平天下)가 융합의 바른 도리를 세우는 올바른 길이다.

사회질서를 관리하는 데는 공직자의 능력과 역할이 중요하다.

공자는 《계사전》에서 특별히 고위 공직자에게 경책하는 말씀을 했다. "덕은 얄팍하나 지위는 존귀하거나, 아는 것은 적으나 큰일을 도모하거나, 힘은 적은데도 맡은 일은 막중하면, 재앙에 이르지 않는 자가 드물다(德薄而位尊, 知小而謀大, 力小而任重, 鮮不及矣)." 중책을 맡은 공직자는 이 말씀의 의미를 항상 곱씹어보고, 자신을 성찰할 필요가 있다.

사회의 파멸을 막는 유일한 길은 모든 영역에서 각자 직분에 맞는 절도 있는 도리로, 합법적인 절차에 따라, 인내심을 가지고 문제점들을 하나씩 고쳐나가는 방법밖에 없다. 법질서가 무너지면, 사회 전체가 붕괴될 수 있다. 위급할수록 정도를 지켜야 하는 이유는 여기에 있다.

세 번째 원칙으로, 융합의 시대에 지도자는 사회 전체를 부드럽게 포용하는 통솔력을 지녀야 한다.

여기에는 강자가 약자를 지배한다는 수직적 관념에서 벗어나는 인식개선이 필요하다. 강자가 약자를 돕고, 약자가 강자와 협력하는 선순환 구조를 이룰 때, 융합사회는 완성된다. 지도자에게는 무엇보다 상하, 좌우를 조화와 균형을 유지하는 쪽으로 조율하는 정신이 필요하다.

역(易)의 관점에서 보면, 세상만물은 끝없이 순환하고 있다. 모든 존재가 원환을 그리며 하나로 이어지고 있다는 점에서, 상하, 좌우 등의 분별은 우리의 착각에 불과하다. 모든 인간은 역할에서 차이가 있을 뿐, 존엄성에 있어서는 평등하다. 그러므로 각자 맡은 일에서, 하늘을 우러러 한 점 부끄러움이 없도록 하는 것이 존엄성을 지키는 일이다.

마지막 원칙으로, 융합시대의 원로는 중도를 지켜야 한다.

여기서 원로는 각 분야에서 밝은 도리를 체득한 사람을 뜻한다. 융합사회의 근간은 모든 종교사상을 통섭하는 보편적 도덕과 윤리의 식이다. 앞서 〈균형교육혁명을 시작할 때〉에서 제안한, 정치의 영향에서 벗어나 자유로운 활동이 보장된 '국가인간교육위원회'가 필요하다.

진영논리의 편향적 시각에서 벗어나서 보편적 진리를 추구하는 올곧은 정신적 지도자들이 위원회를 구성하고, 밝은 도리를 모든 영역의 미래 인재들에게 교육하면, 우리 사회는 빠른 기간 내에 도덕과 질서를 회복할 수 있다.

〈에머슨과 융합문명〉에서 지적했듯이, 미국은 동서의 문명이 거대한 문명의 원환을 이루며 성립되었다. 미국의 성립이 거친 물질적 융합이라면, 물질과 정신의 본질적 융합은 앞으로 전개될 융합문명 사회에서 가능하다.

미국은 현재 통합정신의 초심을 잃고 있다. 그럼에도 불구하고 미국이 아직까지 세계 경제의 중심에 있는 저력은 폭넓은 기부문화와 더불어 동서양에서 수용한 깊은 정신문화가 핵심 인재들의 의식을 떠받치고 있는 결과다.

또한 미국은 사회의 균형을 잡아주는 원로들이 많다. 우리의 원로는 이 점을 본받아야 한다. 사회의 원로들은 어떤 특정 진영의 편에 서기보다는 바른 도리와 정의를 강조하는 것이 옳다. 도덕과 질서가 확립되면, 사회혼란은 자연스럽게 정리된다. 이 방법이 융합사회로 가는 최선의 길이다.

22. 세상은 소유가 아닌 관리의 대상

우리는 뭔가를 소유하기 위해 평생 애쓰며 살고 있다.

어머니 뱃속에서 나올 때, 우리는 두 주먹을 꼭 쥐고 태어난다. 인간은 나와 남을 분별하고, 내 것을 쟁취하려는 본능을 죽을 때까지 놓지 못하는 습성을 타고났다. 이러한 생명의 특성 때문에, 생명이 붙어있는 동안 외부와의 관계가 원만하지 않으면, 늘 갈등하면서 살 수밖에 없다.

그러나 임종에 이르러서는 일생동안 집착하며 붙든 것들을 놓지 않을 수 없다. 세상의 갈등을 조화롭게 풀기 위해서는, 인간의 의식을 근본적으로 전환할 필요가 있다.

자연은 거대한 순환시스템에 의해 생태적 균형이 조율되고 있다.

그러나 인간은 자연의 일부임에도 불구하고 자연의 순환에서 벗어나려고 몸부림치고 있다. 그런데 인간의 몸부림은 오히려 삶의 환경을 더욱 악화시키는 부작용을 일으키고 있다. 마치 늪에 빠졌을 때, 살자고 허둥대면 그럴수록 더 깊은 수렁 속으로 들어가게 되는 것과 같다.

늪에서 빠져나오는 방법과 인간사회의 모순과 갈등을 헤치고 나오는 방법은 비슷하다.

늪에 빠졌을 때, 주변에 도움을 받을 수 있는 대상이나 사람이 있다면, 위험에서 벗어날 수 있다. 만약 아무 것에도 의지할 수 없다면, 가능한 가지고 있는 모든 것을 버리는 것이 현명하다. 이때 소중히 여기는 뭔가에 집착한다면, 가장 귀중한 생명을 잃을 수 있다.

따라서 무소유의 상태로 돌아가 일체의 힘을 빼고, 몸을 엎드려 늪과 수평을 유지해야 한다. 그리고 개구리처럼 손과 다리를 자연스럽게 유영하듯이 움직여 늪을 빠져나오면, 자신의 생명을 구할 수 있다.

이와 같은 동일한 이치가 인간사회의 모순을 해결하는 방법에도 적용된다. 사회 갈등을 중재할 수 있는 인재들이 곳곳에 있다면, 사회의 안정은 빠르게 회복된다. 그러나 양극화가 심한 사회에서는 대립하는 양측의 분쟁을 해소하기 힘들다. 특히 중도층이 약한 상태에서는, 아마도 극한 상황까지 대립이 심화될 가능성이 높다.

이때 사회를 살리는 유일한 길은 성인(聖人)들이 공통적으로 강조한 무소유의 정신을 일깨우는 길밖에 없다.

공자는 《논어》〈학이편〉에서 "군자는 먹는 데 있어서 배부름을 구하지 않으며, 거처함에 있어서 편안함을 구하지 않는다(君子食無求飽, 居無求安)."고 경책의 말씀을 했다. 노자도 같은 맥락에서 《도덕경》 12장에서 "얻기 어려운 재물은 사람을 방만하게 만든다(難得之貨 令人行妨)."고 말씀했다.

석가는 진리를 추구하는 수행자에게 두타행(頭陀行)을 강조했다. 두타행은 일체의 세속적인 편안함을 버리고 수행하는 것을 의미한다. 예수도 〈누가복음〉 9장 3절에서 같은 의미의 말씀을 제자들에게 했다.

"길을 떠날 때 아무것도 지니지 마라. 지팡이나 식량자루나 빵이나 돈은 물론, 여벌이나 내의도 가지고 다니지 마라."

집착과 소유욕이 진리의 눈을 가리기 때문에, 성인들은 공통적으로 무소유의 수행을 실천했다.

에머슨의 시(詩) 중에서 〈하마트레이아〉는 인간의 소유욕을 실질적으로 통찰하고 있다. 이 시는 고대 인도의 왕들과 초기 식민지 시대의 양키 대농부들을 비교하면서, 거대한 토지를 소유한 인간이 지닌 탐욕과 야망이 얼마나 헛된지를 잘 보여준다.

이 시의 결론 부분에 있는 '대지의 노래'는 인간의 무지를 깨우친다. "그들은 나를 그들 것이라 부르고,/ 그렇게 나를 통제했지./ 하지만 누구나/ 지속하기를 바랐지만, 이제는 사라지고 없다네." 대지의 입장에서 보면, 인간은 세상을 소유할 수 없고, 잠시 관리하다 사라질 뿐이다. 온갖 권세와 오만을 부리는 인간은 결국 땅으로 돌아갈 수밖에 없다.

지나친 소유의식은 사회의 갈등을 유발하는 가장 큰 원인이다.

여기서 우리가 갖고자 하는 것들의 실상을 과학적으로 통찰해보자. 천체물리학적인 관점에서 보면, 우주 공간에서 우리가 물질로 인식하는 것은 4% 정도밖에 안 된다. 나머지는 허공에 해당하는 암흑물질과 암흑에너지다. 아주 작은 부분에 해당하는 우주의 물질 속에서, 우리가 차지하는 지구의 일부분은 티끌 속의 티끌도 안 된다.

반대로 미시적인 관점에서 보면, 모든 물질은 원자 단위로 쪼갤 수 있다. 그런데 원자의 내부는 99%가 텅 비어있는 구조를 이루고 있다. 사실상 소유할 수 없는 것을 두고 우리는 서로 싸우고 있으니, 얼마나 허망한가!

한편 세상은 수많은 존재의 사슬로 연결되어 있다.

대동사회를 이루기 위해서는 무엇보다 우리는 '나 아니면 안 된다.'는 의식을 버려야 한다. 작은 일은 나 혼자 가능할지 몰라도, 큰일은 다른 사람들과 협력해야 가능하다. 서로 주고받는 것이 상황에 맞게 조율되면, 진실한 협력이 이루어질 수 있다.

여기서 더 본원적으로 통찰하면, 내가 원하는 일을 이루는 원동력은 내가 의식할 수 없는 존재들의 도움 때문이라는 사실을 깨닫게 된다. 심지어 적대관계를 이루는 사람들도 서로 보상관계를 이루며, 서로 의식하지 못하는 사이에 상대의 존재를 강화시키는 역할을 할 수 있다.

그렇다면 우리는 어떻게 세상을 살아야할까? 중요한 것은 생명작용의 법칙이다.

거대한 생명의 순환에 방해가 되는 존재는 언제나 가차없이 제거되는 법이다. 상생상극(相生相剋)은 생태적 균형을 유지하는 자연의 법칙이자, 인간사회를 지속가능하게 만드는 원리이기도 하다.

이 점에서, 노자는 "공이 다하면 물러나는 것이 하늘의 법도다(功遂身退, 天之道也)."라고 말씀했다. 자신의 역할을 다하면, 물러나서 새로운 단계로 넘어갈 준비를 하는 것이 현명하다. 인간이 추구해야 할 최후의, 최고의 단계는 진리의 수행이다.

진리는 허공에 비유할 수 있다.

허공은 차별 없이 모든 존재를 포용한다. 또한 허공은 누군가가 사유(私有)할 수 없다. 진리도 마찬가지다. 위없는 진리는 모든 사람에게 평등하게 혜택을 주고, 만사만물을 아우른다. 따라서 진리는 관념적 사상이나 형체를 이룬 물건처럼 누군가의 전유물이 될 수 없다.

지금까지 어떤 사상도 인류를 구원할 수 없었던 것은 인류가 소유의 관점에서 특정 사상을 세상에 적용하려 했기 때문이다. 모든 경계를 넘어 믿을 수 있는 사상은 진리다. 그러나 보편적 사상도 특정한 무리들만이 믿을 수밖에 없게 만든다면, 그것은 이념에 불과하게 된다.

세상에 평화를 가져오는 근원적 처방은 세상을 소유가 아닌 관리의 대상으로 보는 데 있다.

바른 정신이 없는 상태에서 함부로 소유하는 재산이나 권력은 언제 터질지 모르는 화약고와 같다. 도리에 맞게 관리하는 정신으로 세상을 경영할 때, 널리 인간을 이롭게 하는 방향으로 생산성을 높일 수 있다. 우리가 진리를 추구하는 수행정신을 다시 회복하고 후손에게 물려준다면, 우리 사회는 세상의 등불이 될 것이다.

수행정신만이 AI시대의 마지막 희망이다.

제2부

AI시대는 수행의 시대

제2부. AI시대는 수행의 시대

수행의 원리와 건강의 원리는 서로 통한다.

수행의 최고 경지는 몸과 마음과 삶이 청정한 상태에 이른 것을 의미하는데, 이것은 건강이 지향하는 목표이기도 하다. 우리의 건강을 백분율로 분석한 의학 자료에 따르면, 건강결정요인 중에서 생활습관은 52%로 비중이 가장 높다. 유전적 요인과 환경의 비중은 각각 20% 정도로 상대적으로 낮다.

많은 사람들이 건강을 의료서비스에 의존하고 있지만, 의료가 건강결정요인에서 차지하는 비중은 8% 정도로 예상 밖으로 미세하다. 건강을 유지하는 데 있어서, 의학적 치료는 매우 제한적이고, 단지

보조적 수단에 불과하다. 오히려 생활습관이 절대적인 역할을 한다는 것을 알 수 있다.

건강은 불교의 업(業)으로 설명하는 것이 가장 이해하기 쉽다.

카르마(Karma)로도 불리는 업은 쉬운 말로 하면 생활습관이기 때문이다. 건강을 불교적 관점에서 보면, 유전은 동업중생(同業衆生)의 측면이 있고, 생활습관은 전생과 현생의 업(業)이 결합한 결과다. 생활습관은 유전된다는 연구결과도 있다. 사실 건강은 모두 생활습관에 관련된 것이라고 할 수 있다. 이러한 측면에서 보면, 건강은 후천적인 노력으로 개선될 수 있다.

건강한 몸은 수행의 기초가 된다.

건강을 이루기 위해서는 심신의 균형을 관리하고, 세상의 여러 학문을 조율할 수 있는 지혜를 지녀야 한다. 무엇보다 건강은 인간과의 관계를 자유롭게 통섭하는 데 핵심이 있다. 따라서 진정한 건강법은 일체의 종교나 철학을 초월해 있으며, 모든 형식을 벗어나 있다. 이런 관점에서 현대 과학과 종교를 넘나들며 건강한 삶의 지혜를 알아보도록 하겠다.

01. AI시대 수행이 필요한 이유

AI가 인류사회 전반에 끼치는 영향은 우리가 상상하는 것 이상이다. AI는 산업의 시스템뿐만 아니라 문명의 패러다임 자체를 바꾸고 있다. 패러다임이 바뀔 때는 위기와 기회가 공존한다. 위기는 물론 변화의 흐름에 따라가지 못하는 사람들에게 닥칠 수밖에 없다.

많은 사람들은 위기가 눈앞에 보일 때, 비로소 위기에서 벗어나려고 몸부림친다. 그러나 변화의 본질을 잘 모른다면, 몸부림칠수록 더 깊은 수렁 속으로 빨려 들어가기 쉽다.

AI가 촉발하는 새로운 인류문명의 가장 큰 특징은 물질문명과 정신문명의 대융합이다. 따라서 두 가지 상반된 방향에서 인류사회는 미래를 준비해야 한다. 우선 첫째로 물질적 융합을 통해 모든 산업영역의 경계를 허물고 통섭하는 회통시스템을 준비하는 일이다.

그리고 보다 중요한 두 번째 과제는 관념적 이론에서 벗어나 본원적 정신에서 의식 수준을 높이는 일이다. 이 일이 물질적 융합보다 중요한 이유는 물질적 차원의 의식에서는 경계 간의 자유로운 소통이 불가능하기 때문이다.

서양식의 기계적 소통은 또 다른 물리적 충돌과 인류사적 비극을 반복할 뿐이다. 인간의 의식을 높이는 일은 인류사회를 지속가능하게 하는 핵심이다.

그러나 대부분의 CEO들은 AI기술을 활용해서 생산효율을 극대화하는 데 몰두해 있다. 경제 원리로만 비즈니스를 생각하기 때문이다. 대체로 새로운 기술로 먼저 무장한 사람들이 시장을 선점한다. 하지만 이것도 잠시다. 후발 주자들이 점차 시장에 진입하면, 블루오션이 레드오션이 되는 것은 시간문제일 뿐이다.

강(強)인공지능이 출현하면, 시장의 선점효과는 큰 효과를 거두기 힘들다. 끝없는 경쟁 속에서 가장 소중한 생명력과 더불어 인간성은 파괴될 수 있다.

나는 2010년부터 전문적으로 수행을 연구하면서, 미래시대에 수행이 인간에게 가장 중요한 삶의 요소가 될 것임을 직감했다. 이러한 나의 예상은 머지않아 입증이 되었다.

2016년 인공지능 바둑프로그램인 알파고와 바둑기사 이세돌 사이의 문명사적 대결에서 알파고가 승리함으로써, 문명의 흐름이 바뀌기 시작했다. 챗GPT 4.0은 새로운 흐름이 본격화되는 신호탄이다. 만약 인간이 AI개발에 상응하는 의식 상승을 이루지 못하면, 인류의 파멸은 명약관화하다.

문명사적 거대 프레임이 아닌 작은 기업 안에서 보더라도, AI시대에 수행의 필요성은 절실하다. 당장 CEO들이 정신을 온전히 차리지 않으면, AI를 활용한 산업스파이를 막을 수 없다. 모든 조직은 내부에서 망한다는 말이 있다. 사실이다.

기업가의 정신이 혼탁해지면, 기업의 임직원들이 도덕적으로 해이해지기 마련이다. 물질적 효율만 강조하는 기업은 AI스파이에게 무방비로 노출된 것과 다름이 없다. 조직사회에서 소외된 누구라도 AI를 이용해 기술노하우나 자금 등을 불법적으로 유출할 수 있기 때문이다.

기업문화에 수행정신문화의 도입이 시급한 이유다.

AI를 활용한 산업구조 중에서 눈에 띄게 성장하고 있는 산업이 플랫폼산업이다. 하나의 플랫폼을 통해 모든 관련 산업과 서비스를 연결하고, 생산과 소비의 효율이 극대화되고 있다. 그러나 문제는 물질적 효율에만 중점을 두고 있기 때문에, 인간이 일상적으로 누리는 삶마저도 상품화되고 있는 현실이다.

문화전략이라는 미명하에 인간의 독특한 개성, 취미, 여가생활, 개인적 가치 등이 산업플랫폼 내에서 거래의 대상이 되었다. 심지어 종교와 신앙도 예외가 아니다.

폐쇄형 산업사회에서도 중산층 이상의 사람들은 물질과 정신의 이원화된 삶의 좁은 틈 속에서도 쉴 수 있는 공간을 나름 확보할 수 있었다. 그러나 지금은 모든 계층의 일상적 삶이 전부 플랫폼의 상품으로 전락하고 말았다. 인간의 본원적 정신을 고려하지 않는 물질적 융합이 인간의 생명력을 극도로 피폐시킬 수 있는 근거가 여기에 있다.

AI가 가속화 하고 있는 융합문명시대에서 인간답게 살기 위해서는 몸과 마음과 삶의 변화를 고요한 심안(心眼)으로 파악하고, 중심을 잡는 수행문화가 필요하다. 인간의 존재 이유는 물질적 가치가 아닌, 물질을 통제하고 그 혜택을 자신과 사회의 성숙을 위해 쓸 수 있는 보편정신의 함양에 있다. AI시대 수행은 선택이 아닌 필수다. 함께 수행의 여정을 떠나 보자.

02. 수행은 인생학이자 죽음학이다

수행(修行)은 여러 차원에서 얘기할 수 있다.

넓은 의미의 수행은 삶의 본질적인 면에서 인생을 바르게 사는 연습이다. 이 세상이 의미가 있는 것은 수많은 담금질을 통해 인간을 성숙시키는 데 있다. 시련과 고통은 우리 자신을 돌아보는 계기가 된다. 이때 큰 깨달음을 얻는다면, 인생은 새로운 단계로 상승하게 된다. 의식하든 못하든 간에, 우리는 평생 동안 삶이란 공부를 지속하고 있다. 공부를 좀 고상하게 말하면 학문이라고 할 수 있다.

여기서 학문의 본질에 관해 깊이 성찰해 보자.

요즘의 학문은 성공을 위한 공부가 대부분이다. 문과, 이과를 막론하고 학문은 특수한 영역에서 전문적인 지식이나 기술을 습득하는 것을 의미한다. '특수한 영역'이란 점에서, 물질과학이든 정신과학이든 모든 학문 분야가 효율 중심으로 흐를 수밖에 없다.

분업화된 효율성은 인간의 총체적인 삶을 분열시키고 있다.

물질 중심의 교육에 비례해서 세상은 점차 정밀해지고 있는데, 오히려 우리의 삶은 그와는 반비례로 점점 팍팍해지고 있다. 물질과 이론의 정밀함이 고도화될수록, 정신의 공허함은 더욱 깊어지고 있는 실정이다. 그 공허함을 채우기 위해 온갖 부조리한 현상들이 우리사회 주변에서 일어나고 있다.

인간은 기계가 아니라, 유기적 생명체다.

또한 삶은 관념으로 정립되는 이론체계가 아니라, 모순으로 가득한 현실이다. 전문적인 지식과 분업화된 기술 위주의 학문으로 삶의 모순을 넘어 총체성을 구현할 수 없는 이유다. 삶의 총체성을 상실한 채, 우리사회 전체가 성공하기 위해 돈, 권력, 명예 등을 광적으로 추구하고 있다.

성공한 사람들의 스토리를 보면, 대부분 성공을 위해 일생동안 자기 나름의 공부를 했다. 공부를 많이 할수록 도덕 수준이 높아져야 하지만, 실상은 그렇지 못한 경우가 많다. 그 이유를 근본적으로 생각해보면, 우리가 하는 학문이 존재의 본질을 망각한 채 현상 속에서 효용만을 중시하기 때문임을 알 수 있다.

효율과 관념 저 너머의 본질적 정신을 추구하는 데 삶의 진정한 의미가 있다.

공자는 진리의 도리를 삶속에 체화시키는 데 학문의 중점을 두었다. 공자의 법통을 이은 증자는 《대학》에서 스승의 학문 목적을 수신제 가치국평천하로 요약했다. 현대적으로 풀이하자면, 자신을 바로 세우고 바른 법도로 집안을 편안하게 한 이후에, 세상에 나아가 그 법도를 전하고 인류의 평화에 이바지하는 일이다. AI시대를 대비하는 CEO들에게 꼭 필요한 메시지다.

공자를 비롯한 석가, 예수 등 모든 성인(聖人)들의 학문은 진리를 추구한 수행이었다.

나는 수행을 연구하면서, 인간이 실존적 공허함을 가질 수밖에 없는 존재라는 사실을 깨달았다. 음과 양, 선과 악, 빛과 어둠 등의 삶의 양극적 모순들이 삶의 총체성을 이루고 있기 때문이다. 모순을 포용하고 하나로 아우르는 법을 모른다면, 삶이 공허해질 수밖에 없다.

수행은 공허한 삶 속에 영원성을 부여하는 참된 공부다. 삶의 모순 속에서 총체적인 진리를 찾고 세상에 바른 법도를 구현할 때, 하고자 하는 대로 해도 도리에 어긋나지 않는 자유로운 삶을 살 수 있다.

백세 시대를 살고 있는 우리사회는 노년인구가 점점 증가하고 있다. 그러나 첨단 과학과 의료기술의 발달로 인간이 아무리 오래 살아도,

죽는 순간은 일순간에 불과하다.

소위 성공한 사람들의 임종을 들여다보면, 죽음을 앞둔 모습은 대부분 쓸쓸하고 초라하다. 그들이 누린 물질적, 감성적 행복은 그저 잠시의 착각과 같다. 임종선언이 떨어지면, 곧 바로 차가운 냉동고 속으로 들어갈 수밖에 없는 것이 현실이다.

우리사회에서 존엄한 죽음은 거의 없다 해도 과언이 아니다.

나는 2022년에 〈죽어야 산다〉는 주제로 죽음학에 관해 강연을 한 적이 있다. 그 자리에서 수행의 필요성을 역설했다. 수행은 삶과 죽음을 하나로 연결하는 일이다. 죽음은 끝이 아니라 새로운 시작이다. 삶과 죽음의 순환원리를 바르게 안다면, 현재를 충실히 살고 죽음을 존엄하게 맞이할 수 있을 것이다.

03. 변화에 대처하는 도리

변화에는 현상과 근원의 두 가지 차원의 변화가 있다.

근원적 변화의 실상을 알고자 하면 불교의 유식학(唯識學)을 탐구하는 방향이 좋고, 현상적 변화의 원리를 이해하려면 역(易)을 공부하는 쪽이 현명하다. 우리는 현상을 통해 본질의 세계로 갈 수밖에 없으므로, 현상에서 이루어지는 변화를 먼저 제대로 이해하는 것이 바람직하다.

공자가 도를 깨친 근간이 되는《역경》의 한 부류인《주역》은 인류문명 차원에서 현상적 변화의 실상을 설파하고 있다. 공자는 역의 이치를 사람들에게 체계적으로 이해시키기 위해 십익(十翼)이라는 해설서를 남겼다. 그 중에서《계사전》은 변화의 이치에 관한 공자의 심오한 통찰력을 엿볼 수 있다.

공자는 역의 의미를 "낳고 낳음을 역이라 한다(生生之謂易)."라고 정의했다. 끊임없는 변화가 역의 속성이다. 우리는 시공간의 변화를 선형적(線形的)으로 이해한다. 그래서 우리는 대부분 뭔가 한 가지 속성이 끝없이 이어질 것으로 착각하고 있다. 자기가 소중히 여기고 있는 것이 영원히 유지되기를 소망하지만, 불행히도 영원히 소유할 수 있는 것은 존재하지 않는다.

영원불멸을 원하는 쪽과는 반대로, 한 세상을 사는 것으로 세상은 종말을 고한다고 생각하는 부류도 있다. 특히 세기말이나 문명 전환의 시기에 종말론자들은 득세를 한다. 그러나 양쪽 모두 변화의 실상과는 거리가 지극히 멀다.

공자는 변화의 이치를 비(非)선형적으로, 양면적으로 설파했다.

"음양이 번갈아 도는 것을 도라 한다(一陰一陽之謂道)." 음양의 상반된 기운이 만물에 깃들어있다. 양은 발산하는 성향이 있다면, 음은 수렴하는 속성이 있다. 따라서 변화는 일직선으로 나아가지 않고, 진퇴를 거듭하며 원환을 그리고 있다.

《주역》의 순서만 봐도 진퇴와 원환의 흐름을 알 수 있다. 양을 대표하는 중천건(重天乾)에 연이어 음을 대표하는 중지곤(重地坤)으로 현상의 기초를 이루고, 수많은 변화를 거치면서 수화기제(水火既濟)로 완성된다. 그러나 바로 다음 마지막 64번째 괘에서는 돌연 반전이 일어나, 화수미제(火水未濟)의 혼돈 속으로 전환되면서 세상은 다시 새롭게 시작한다.

'낳고 낳음'이 우주 만물에 연속할 뿐이다.

동일하게 보이는 것도 계속 변화의 과정 속에 있다. 다만 변화의 양상이 직선적인 진퇴가 아니라는 점이다. 역(易)의 영향을 받은 노자도 《도덕경》에서 변화의 흐름에 관해, "구부러짐으로써 온전하다(曲則全)."고 설명했다. 노자가 말한 '곡(曲)'은 바로 《역경》에서 유래한 말이다.

직선은 우리의 관념 속에서만 존재할 뿐이다. 현실에서는 진공상태의 절대평면이 없기 때문이다. 만물은 곡선의 원환을 그리며, 성주괴공(成住壞空)을 반복하고 있다. 구부러짐과 멈춤의 미학이 역의 이치 속에 숨어 있다.

영원한 실체는 없다.

석가가 설파한 무아(無我)와 무상(無常)도 같은 이치다. 그러나 슬퍼할 필요는 없다. 왜냐하면 현상의 변화를 가능하게 하는 섭리, 즉 진리의 이치는 변화하지 않기 때문이다. 문명의 흐름이 아무리 급변해도, 변화의 근본이 되는 생명의 기본 도리는 변하지 않는다.

생명의 도리로 자기중심을 잡고 삶을 영위하면, 변화의 흐름에 구애받지 않는다. 다른 말로 하자면, 생명변화의 흐름과 하나가 되어, 고요하고 흔들림이 없게 된다. 마치 동일한 속력과 방향으로 함께 가면 속도를 느끼지 못하는 것과 같다.

모든 생명은 자신을 중심으로 다른 생명들과 서로 조화와 균형을 이룰 때, 안정적인 생태계를 유지할 수 있다. 인간사회도 마찬가지다. 인류사회의 공생관계가 깨지면, 물질과학의 발전은 지구촌의 생태계뿐만 아니라 인류의 생존을 위협하는 가장 강력한 무기가 된다.

음양이 생명활동의 기본 원칙이기 때문에, 발산하고 수렴하는 생명의 양면적 작용 사이에서 조화로운 균형을 유지하는 일은 무엇보다 중요하다.

나는 앞서 수행을 통한 '보편정신의 함양'이 물질문명과 정신문명이 융합하는 시대에 가장 중요한 요소라는 사실을 강조했다. 성인들의 모습에서 문명대전환에 대비하는 바른 정신을 배울 수 있다.

그러나 모든 사람이 성인과 같은 정신을 추구할 수는 없다.

어느 시대나 세상의 변화를 선도하는 사람은 소수의 지도자들이었다. AI시대에도 마찬가지다. 바른 정신을 지향하는 소수의 선각자들이 올바른 길을 제시하면, 나머지 사람들은 안심하고 자신의 영역에서 제 역할을 다 할 수 있다.

공자는 사회의 흐름을 파악하고 선도하는 선각자이자 지도자를 군자(君子)라 했다. 공자는 십익의 하나인 《문언전》에서 "군자가 덕을 쌓아가고 학업을 닦는 것은 시대에 맞게 하고자 함이다(君子進德修業, 慾及時也)."라고 말씀했다.

군자가 정신적 수행을 통해 도리에 맞는 삶을 영위하고, 더불어 시대에 맞는 실용적 기술이나 학문을 닦는 본분은 시대의 변화를 조화롭게 이끌기 위함이다. 덕을 쌓는 것은 정신의 중심을 잃지 않기 위해서고, 학업을 닦는 것은 물질의 변화를 주도하고자 함이다.

우리나라 사람들은 똑똑하기로 정평이 나있다.

한강의 기적은 우리 안에 내재한 뛰어난 재능과 불굴의 의지로 일구어낸 결과다. 그러나 천부적인 능력이 지나치게 물질적인 쪽으로 기울어져서, 인문정신은 거의 아사직전이라고 할 정도다. 새로운 융합문명사회에서 우리사회가 건강하게 지속가능하기 위해서는, 물질과 정신의 균형을 회복해야 한다.

모든 영역의 지도자들이 각자의 영역에서 공자가 제시한 군자의 중도적 본분을 다한다면, 우리나라는 문명대전환의 위기를 역으로 웅비의 기회로 돌릴 수 있다. 이 점에서, 수행적 측면에서 지도자의 인간교육을 새롭게 준비할 때다.

04. 한류와 풍류도

한류(韓流)라는 표현은 국내 아이돌 그룹이 중화권에서 인기를 끈 1990년대에 처음 등장했고, 2000년대에 들어서서 그 흐름이 본격화되었다. 우리의 드라마, 영화, K-POP 등이 전 세계의 관심을 받고 있다.

특히 BTS의 팬덤인 아미가 선도하는 한류 열풍은 뜨겁다. 문화예술인들의 폭넓은 활동 덕분에, 우리는 세계적 위상과 더불어 경제적 효과를 톡톡히 누리고 있다. 낯선 이방인들이 우리 전통문화의 우수성을 얘기할 때면, 우리는 신기하면서도 흐뭇한 마음이 든다.

그러나 정작 우리는 우리의 문화적 전통을 잘 모른다. 오히려 우리의 정신을 망각한 채 외국문화를 따라 하기 바쁘다. 부끄러운 마음이 들지 않을 수 없다.

문화현상에는 그 현상을 가능하게 하는 사람들의 의식구조가 있다. 세계인의 보편적인 감성과 정신에 울림을 줄 때, 한류는 지속 가능하다. 자극적인 감성에 호소하는 한류는 유행가처럼 일시적인 현상에 불과할 수 있다.

한류는 AI시대 융합문명사회에 맞게 세상을 하나로 아우르는 보편성을 지닐 필요가 있다. 이제 한류에 보편적 정신문화를 구현할 때가 되었다. 한류의 보편성 확보는 문화산업의 내용뿐만 아니라, 엔터사의 인적 구조가 질적으로 성숙되어야 가능하다.

2024년에 발생한 방시혁과 민희진의 갈등은 상업성만을 추구한 결과이자, 정신문화가 없는 한류가 직면할 수밖에 없는 암울한 미래를 예시하고 있다.

우리 전통 정신문화의 핵심은 풍류도(風流道)다.

통일신라의 화랑도는 고조선에서 유래하는 풍류도에서 원형을 찾을 수 있다. 고운 최치원은 현묘지도(玄妙之道)인 풍류 속에 유불도의 가르침이 다 들어있다고 했다. 나는 수행을 연구하면서 기독교의 믿음 원리도 풍류도에 내포되어 있다는 사실을 확인했다.

풍류도는 한마디로 형식과 표현에 걸림이 없는 중도의 도리를 뜻한다. 따라서 그것은 모든 영역의 경계를 넘는 자유로운 정신을 담고 있다. 하지만 수많은 질곡의 역사로 인해, 풍류문화의 본정신이 왜곡되어 무질서한 대중문화로 변질되었다. 지금의 풍류는 음주가무를 잘하는 것을 의미할 때가 많다.

풍류의 본류는 자연에서 느낄 수 있는 신명나는 생명의 질서다.

방시혁-민희진 사태로 대변되는 엔터사의 위기는, 어느 면에서, 우리 기업의 위기를 암시하고 있다. 정신문화를 망각한 채 몸집만 키우는 방만한 경영은 기업의 빠른 성장에 비례해서 급격한 몰락을 유도할 수 있다. 방시혁 대표가 BTS를 키울 때의 초심으로 돌아가서, 민희진과 걸그룹 뉴진스를 아우르고 앞길을 터주는 포용력을 갖출 때, 하이브는 세계적인 문화기업으로 도약할 수 있다.

BTS가 세상의 젊은이들을 사로잡은 요인은 단순히 노래와 춤의 현란함에 있지 않다. 노랫말과 퍼포먼스 속에 그들의 영혼에 호소하는 정신이 있기 때문이다. 수행문화로 기업의 정신을 바로 잡지 않으면, 기업의 미래는 없게 된다.

AI시대를 대비하는 중심은 교육과 문화다. 과거 물질문명 중심의 산업시대에는 분업화된 산업이 새로운 교육과 문화를 선도했다면, 미래 정보 중심의 융합문명사회에서는 교육문화가 새로운 융합산업을 이끌 것이다. 문명사적 흐름에 맞추어 우리는 미래를 대비해야 한다.

대중문화의 품격을 높이는 가장 기본적인 요소는 인간교육이다.

아이돌 중심의 한류에서 벗어나서 각계각층의 다양한 문화인재들이 한류에 동참할 수 있는 터전을 마련하는 길이 바로 인간교육이고, 그 결과물이 보편적 다양성을 지닌 문화다. 우리의 정신을 바르게 교육하고 다양한 보편문화로 구현할 때, 한류가 새로운 시대를 이끌 수 있다.

AI는 디지털혁명을 유발하고 있다.

디지털혁명의 핵심인 정보의 투명한 공유는 공동체의 보편윤리의식에 달려있다. 사회에 보편윤리의식이 정착되면, 기업과 소비자 간 공정한 거래뿐만 아니라 정부와 시민 간의 자유로운 소통도 실시간으로 가능해진다. 또한 개인의 지적 정보가 블록체인 기술로 보호된 NFT 디지털 자산이 되면, 문화산업의 모든 영역에서 개인이 지닌 문화적 가치가 제값을 받을 수 있다. 물론 공유가치도 보호될 수 있다.

무엇보다 정보의 독점과 왜곡을 막음으로써, 사회의 부조리와 무질서가 바로 잡히게 된다. 결국 강인공지능시대에 인간이 AI에 종속되지 않고 존엄하게 살 수 있는 전제조건은 수행문화와 인간교육으로 인간의 정신을 깨우는 데 있다.

풍류도에서 엿볼 수 있는 보편적 수행정신문화가 한류의 중심에 확고하게 자리를 잡으면, 우리 기업들이 한류의 흐름을 타고 ESG경영을 넘어 널리 세상을 이롭게 하는 사업을 펼칠 수 있을 것이다. 그날을 소망한다.

05. 정신혁명

서구사회가 크게 발전할 수 있었던 원동력은 문예부흥운동과 종교 개혁이다. 14세기부터 16세기 사이에 일어난 문예부흥운동은 인간의 합리적 이성과 감성을 조화시키는 인문학의 근간을 이루었다. 1517년 마르틴 루터의 성명으로 촉발된 종교개혁은 로마 가톨릭의 세속적인 타락에서 비롯되었지만, 결과적으로 자본주의의 터전을 마련하는 계기가 되었다.

종교개혁은 농업중심의 봉건적 중세시대를 마감하고, 상업중심의 근세시대를 새롭게 열었다. 동시에 서구 대학에서 인간 중심의 인문학과 과학이 발전하고, 과학과 기술이 결합하면서 마침내 18세기 영국에서 산업혁명이 일어났다. 이때부터 물질 융합에 중점을 둔 과학문명이 본격적으로 인류문명을 좌우하기 시작했다.

AI는 물질과학문명의 극점을 이루고 있다.

물질과학은 이제 더 나아갈 수 없는 비가시적인 세계와 마주하고 있다. 예전에 인류가 신의 영역이라고 한 경계 언저리다. 그러나 깊이 고찰해보면, 신의 영역이 점차 인간의 영역으로 내려오고 있다는 사실을 깨달을 수 있다. 거대한 자연 환경에 순응하며 살던 인간은 점차 자연을 개척하며, 인류문명을 고도로 발전시켜 왔다.

하지만 지나치게 물질적 발전만을 추구한 결과, 인간은 존재의 본질 측면에서 방향성을 상실했다. 물리학과 천문학의 발달로 우주의 신비가 벗겨질 것 같지만, 물질과 정신의 근원은 아직도 찾을 수 없는 요원한 세계다.

우리가 아는 상식은 가시세계에 관한 것이다.

그러나 가시세계의 물질은 우주의 4% 정도에 불과하다. 암흑물질이 나머지 일부를 차지하고, 대부분은 암흑에너지로 이루어져 있다. 우리의 지구는 비유하자면 가시세계 중에서도 작은 티끌과 같다. 따라서 우리가 상식이라고 자랑하는 것은 극히 미세한 일부분에 불과하다.

우리의 상식은 사실상 몰상식에 가깝다.

이렇게 보면, 인간은 하찮은 미물일 뿐이다. 그럼에도 성인들은, 이미 2천 년 전에, 보잘 것 없는 인간이 우주의 모든 것을 꿰뚫는 완전한 존재로 탈바꿈할 수 있다고 말씀했다. 공자와 노자는 우리가 우주의 섭리라고 생각하는 것들을 도(道), 즉 진리 차원의 상식으로 말씀했다. 예수는 우리가 하나님과 같은 완전한 인간이 될 수 있다는 사실을 가르쳤고, 석가는 위없는 깨달음을 통해 대자유의 삶을 살 수 있는 도리를 설법했다.

성인의 완전한 상식을 우리가 회복하려면, 모든 분야와 경계를 통섭하고 회통하는 정신혁명을 이루어야 가능하다.

우리가 완전한 깨달음에 이르지는 못해도, 적어도 진리를 추구하는 과정에서, 비가시세계의 일부가 현실이 될 수 있다. 에머슨은 인간이 퇴락한 신이라고 말했다. 특이점 이후에는 물질과 정신이 융합하면서, 인간이 신의 능력 일부를 회복할 수 있는 영성의 시대가 올 수 있다. 영성을 불성, 본성, 본심 등 어떤 표현을 써도 무방하다.

중요한 것은 표현이 아니라, 그 표현이 의미하는 본질이다. 물질문명은 표현과 형식 속에 의식을 제한한다면, 정신문명은 일체의 형식과 표현에서 자유로운 의식의 대자유를 지향한다.

아주 작은 티끌의 밖에는 무한한 거시세계의 우주가 펼쳐져 있다. 반대로 티끌 속에도 미시세계의 우주가 무한하다. 티끌이 전체이고, 동시에 전체가 티끌과 하나라는 화엄세계의 이치가 첨단물리학에 의해 어렴풋이 드러나고 있다. 이처럼 거시세계와 미시세계는 서로 통한다.

인간의 무의식은 마치 비가시세계의 우주와 같다. 인간의 무의식이 열리는 정도에 따라, 우주의 암흑에너지 정보가 서서히 밝혀지게 된다. 이런 이치로, 인간은 먼저 자신 안에서 본래면목을 찾는 것이 안전하다.

무의식이 완전히 깨이면, 우주의 정보가 의식 속에 모두 들어오게 된다. 의식이 우주의 본심(本心)과 하나가 될 때, 마침내 예수와 석가가 공통적으로 말씀한 대자유의 진리세계에 이를 수 있다. 진정한 우주시대는 인간의 의식이 우주로 확장되는 정도에 달려있다.

안타깝게도 우리에게는 서양의 문예부흥운동과 종교개혁에 맞먹는 치열한 과정과 성과가 없었다. 아마도 여러 영역의 개혁운동이 동시다발적인 화학반응을 일으키지 못했기 때문일 것이다. AI가 초래하는 대전환을 반전의 기회로 만드는 가장 중요한 조건은 정신문화다.

새로운 시대에 맞는 정신혁명이 반드시 필요하다.

물질과 정신이 순환하는 관점에서 보면, 융합문명의 전개 과정에서 모든 경계를 아우르는 정신혁명은 피할 수 없는 시대의 명령이다. 물질과 정신이 균형을 이룰 때, 융합문명사회는 제 모습을 드러낼 수 있다. 만약 정신문화가 바로 서지 않으면, 기계화된 AI가 우리의 주인노릇을 하게 될 것이다.

정신혁명이 지향하는 바는 원대하지만, 그 시작은 우리의 몸과 마음
과 삶의 흐름을 닦는 수행(修行)이다.

일차적으로 개인과 사회에 쌓인 독소를 제거하는 일이 무엇보다 선
행되어야 한다. 독소가 많을수록 수행은 역효과를 내게 된다. 이런
이유로 모든 종교는 공통적으로 일상의 삶에서 욕망을 절제할 것을
강조하고 있다. 욕망의 대상이 무엇이든 그것에 집착하는 순간, 인
간은 어떤 경계 속에 갇히고 물화(物化)될 수밖에 없기 때문이다. 절
제된 생활, 생명리듬의 회복, 진리에 대한 믿음과 실천, 의식의 확장
과 수렴 등에 관해 모두 이해하고 체득할 때, 수행이 완성된다.

정신혁명을 위해서는, 생활수행, 생명수행, 믿음수행, 그리고 마음수
행이 모두 필요하다.

유교는 생활수행에, 선도(仙道)는 생명수행에, 기독교는 믿음수행
에, 그리고 불교는 마음수행에 상대적으로 특화되어 있다. 따라서
정신혁명을 통해 모든 종교를 통섭하는 일이 새로운 시대를 여는 관
건이다.

융합문명사회에서는 모든 경계를 넘어, 보편진리로 소통하는 자만
이 스스로 중심을 잡고 삶의 향기를 발산할 수 있다. 형식과 표현 속
에 갇힌 사람은 갈수록 생명력을 잃을 수밖에 없다.

06. 수행은 최고의 예방의학이다

보통 수행을 고행(苦行)으로 생각하는 사람들이 많다.

물론 심신의 능력을 한 단계 높이기 위해 일시적으로 고통을 감수할
수는 있다. 그러나 심신을 혹사함으로써 정신을 고양시키는 수행법
은 의학적 상식에 맞지 않다. 자신의 능력에 비해 고행의 정도가 지
나치면, 몸의 이상과 더불어 과대망상, 정신분열증 등과 같은 비정
상적인 정신 상태를 유발할 수 있다. 금욕적인 특별한 방법으로 수
행은 완성되지 않는다.

건강이 수행의 척도라고 할 수 있다.

수행이 효과를 발휘하려면, 일차적으로 몸이 균형을 유지해야 한다.
몸의 균형은 크게 세 가지로 나누어 볼 수 있다. 첫째로 인체의 구조
적 균형, 둘째로 내장 기관의 균형작용, 그리고 마지막으로 뇌기능
의 균형도를 살펴보면, 몸의 균형 정도를 알 수 있다.

평소의 자세, 신체활동, 식습관, 그리고 뇌신경 작용 등이 종합적으로 몸의 균형을 좌우한다.

우리 몸은 전체가 하나로 유기적으로 연결되어 있다. 이 때문에 인체 어느 한 부분의 불균형은 다른 부분들에 연쇄적으로 영향을 일으키게 된다. 몸의 불균형 여부는 곧 바로 마음의 상태를 결정한다. 예를 들어, 발가락 하나만 삐어도, 의식은 온통 그곳에 쏠리기 마련이다.

동양의학에서는 고대로부터 몸과 마음을 통합적으로 치료해왔다.

서양에서는 20세기에 들어와서 본격적으로 심신의학(心身醫學)이 발달하기 시작했다. 지금은 몸과 마음이 하나로 연결되어 있음이 다양한 실험과 사례 연구를 통해 입증되고 있다. 특히 마음이 몸의 주인이라는 사실이 밝혀졌다. 평소의 마음 자세, 감정 처리, 인식 과정 등이 몸의 상태에 직접적인 영향을 미친다.

예를 들어, 경직되고 폐쇄적인 세계관을 가진 사람들은 몸의 기혈(氣血) 흐름이 원활하지 않다. 그 상태가 오래 지속되면, 성인병으로 발전하게 된다. 이처럼 많은 성인병이 심인성(心因性)에 기인한다. 몸과 마음의 균형은 주로 개인적인 관리의 대상이다.

그러나 삶에는 심신과는 다른 차원이 존재한다.

삶은 자신이 마음대로 통제하기 힘든 인간관계에 의해 영향을 많이 받는다. 이 때문에 자신만 잘 한다고 삶의 균형을 유지하기 힘들다. 삶의 균형은 인간관계의 작용과 반작용 사이에서 어떻게 균형을 유지할 것인가에 달려있다. 작용과 반작용은 선악의 개념을 한편에서는 포함하고, 다른 한편에선 초월한 생명현상의 문제다.

생명현상을 균형 잡기 위해서는 고도의 지혜가 필요하다.

특히 지도자들은 모순되고 역동적인 세상에서 중심을 잡는 역(易)의 이치를 알아야 한다. 이 점에서, 나는 문명 대전환기의 지도자들을 위해 삶수행의 관점에서 《주역 인생전략》을 쓴 바 있다.

수행적 측면에서 보면, 몸, 마음, 그리고 삶이 건강을 좌우하는 3대 요소다. 의학적인 측면에서 분석하면, 의료 서비스, 유전, 환경, 그리고 생활습관이 건강을 결정하는 4대 요인들이다. 건강결정요인 중에서 생활습관이 절대적으로 중요하고, 의료 서비스는 의외로 미미한 부분을 차지한다. 몸, 마음, 그리고 삶의 관리는 생활습관에 해당한다. 우리가 생활습관을 평소에 잘 관리하면, 사실 병원에 갈 일이 많지 않게 된다.

요즘 의대 증원 문제로 인한 의사파업 사태가 사회적 갈등을 야기하고 있다. 이 문제의 잘잘못은 논외로 하고, 의대 증원이 필요 없다는 의사들의 논리 속에는 간과할 수 없는 사실이 숨어있다.

한 마디로 잘못된 의학상식으로 우리가 건강을 지나치게 의료기관에 의지하고 있는 현상을 의사들 스스로가 토로하고 있는 셈이다. 불쾌한 진실이지만, 적절한 치료로 인한 인명구제 못지않게 과도한 의료행위로 인한 인명피해가 크다.

아무리 기대수명이 증가해도, 병원의료에만 의지해서 오래 산다면, 행복한 삶이라고 말할 수 없다. 건강한 몸과 마음으로 사는 것이 참으로 행복한 삶이다. 이러한 삶으로 이웃과 더불어 조화를 유지하고, 공동체의 발전과 평화를 위해 노력하는 것이 진정한 수행이다. 또한 앞서 〈수행은 인생학이자 죽음학이다〉에서 밝혔듯이, 존엄한 죽음을 맞이하기 위해서라도 우리는 생활 속의 수행을 실천해야 한다.

수행은 최고의 생활예방의학이다.

07. 바른 자세의 중요성

수행의 시작은 몸을 바르게 하는 데 있다.

정신(正身)은 신체의 기능을 최적화하는 모든 활동을 포괄한다. 이를 테면, 음식, 호흡, 운동, 수면, 자세 등의 관리를 바르게 함으로써, 몸의 상태를 청정하게 유지하는 것을 의미한다. 몸을 청정하게 유지하는 목적은 맑은 정신으로 진리를 추구하기 위함이다.

현대과학의 관점에서 보면, 맑은 정신은 뇌 기능의 균형을 뜻한다. 그런데 뇌 기능의 향상은 단순히 뇌 훈련만으로 가능하지 않다. 심신의학의 발달로, 뇌는 뇌신경만의 문제가 아니라는 것이 밝혀졌다. 동양의학에서는 이미 수천 년 전에 위와 장이 뇌신경과 밀접한 관계가 있다는 사실을 인지하고, 실제로 관련 치료에 활용했었다. 여기서 한발 더 나아가면, 뇌신경은 온몸의 신경과 하나로 연결되어 있다는 사실을 알 수 있다.

사실상 온몸이 뇌신경이다.

인체의 균형은 뇌신경의 균형작용에 직접적인 영향을 미친다. 몸의 균형은 자세가 균형을 이루지 않고서는 불가능하다. 따라서 바른 자세는 신체의 균형 유지에 가장 기초를 이룬다. 한편 바른 자세의 근간은 뼈와 근육이다.

먼저 뼈를 살펴보자.

성인의 인체는 특별한 경우가 아니라면 206개의 뼈로 구성되어 있다. 골격의 균형은 인체 균형의 핵심이고, 골격의 가장 중요한 균형점은 골반이다. 골반이 중심을 잘 잡고 있으면, 아래로는 다리가, 위로는 척추가 균형을 이루게 된다.

유전적 요인이나 특별한 사고가 아니면, 골반 불균형의 원인은 잘못된 생활습관에 있다. 일체의 행위에 있어서, 균형을 이루지 않는 동작이나 자세는 바르지 못한 생활습관으로 고착화되기 쉽다. 예를 들어, 다리를 꼬거나, 비스듬히 서 있거나, 팔자걸음 또는 안장걸음으로 걷거나, 몸을 똑바로 하지 않고 잠을 자는 행위 등을 지속적으로 하면, 골반의 변형을 초래한다.

그 결과, 골반 아래로 연결된 고관절의 결합상태가 뒤틀리면서 좌우 다리 길이의 차이가 발생하게 된다. 더불어 골반 위 척추는 똑바로 서려는 반작용으로, 하체와 반대로 뒤틀리게 된다.

척추의 변형이 문제가 되는 것은 척추와 연결된 신경에 있다.

신경은 척추관을 통해 장기와 연결되기 때문에, 척추의 불균형 여부에 따라 장기의 기능이 위축되거나 반대로 항진될 수 있다. 몸의 불균형에서 초래된 병은 병원에서 대증요법으로 완치되지 않는다. 이 부분은 서양의학보다 동양의학이 더 효과적이다. 그러나 이것도 한계가 있다.

예를 들어, 정골요법이나 추나요법 등으로 병의 증세를 일시적으로 호전시킬 수 있지만, 시간이 지나면 또 다시 재발하게 된다. 따라서 근본을 치료해야 병이 낫는다. 근본 치료는 행주좌와(行住坐臥)의 일체 습관을 바르게 유지하는 일이다. 무엇보다 먼저 자세를 바르게 유지하는 일이 중요하다.

앉고, 서고, 걷고, 눕는 모든 자세 하나하나를 주의 깊게 살핀다.

자신의 모습과 행동에 의식을 두다보면, 불균형의 실상을 어느 순간 의식하게 된다. 의식이 가면, 자연스럽게 균형을 회복하고자 하는 반작용이 일어난다. 육체적 균형감각이 생기면, 균형 자세와 행동이 자연스럽게 나오게 된다. 물론 각자 불균형의 상태에 따라 균형을 회복하는 방식은 달라진다.

몸의 균형을 유지하는 두 번째 근간은 근육이다.

뼈의 균형을 인위적으로 맞추는 것은 잠시의 처방에 불과하다. 잘못된 생활습관으로 틀어진 근육을 바르게 회복시키지 못하면, 관성의 힘에 의해 다시 불균형 상태로 돌아갈 수밖에 없기 때문이다. 따라서 인체의 골격을 받치고 있는 근육의 관리가 무엇보다 필요하다.

일차적으로 자세를 바르게 하는 것만으로도 근육의 균형 유지에 도움이 된다. 예를 들어, 똑바로 앉아보라. 처음에는 쉽게 보여도, 시간이 지나면서 배와 등 그리고 허벅지 부위의 근육이 땅기는 것을 느낄 수 있다. 바른 자세를 지속하기 위해서는, 근육이 바르게 정렬하도록 힘을 모으기 때문이다.

여기서 더 나아가 운동을 적절하게 함으로써, 근육의 질과 힘을 높일 수 있다. 운동의 기본 원칙은 균형운동이다. 인체의 좌우와 상하, 근력운동과 지구력운동, 운동의 양과 강약 등의 균형이 모두 중요하다. 일상에서 할 수 있는 가장 좋은 운동은 온몸으로 하는 균형운동이다.

예를 들어, 걷기, 달리기, 맨손체조, 팔굽혀펴기, 윗몸일으키기, 스쿼트, 등산 등을 자신의 신체 조건이나 상태에 맞게 그리고 균형원리에 따라 적당히 하면, 인체의 균형 유지에 크게 도움이 된다.

반면에 한 방향 운동은 몸의 균형에 좋지 않다. 대표적인 예로 골프를 들 수 있다. 만약 골프를 운동으로 삼는다면, 시작 전에 몸을 풀어주고, 끝에는 균형을 회복하는 운동으로 마무리하는 것이 바람직하다.

몸의 좌우 균형을 이루는 자세와 운동은 좌뇌와 우뇌를 고르게 작용시킨다. 또한 균형 자세와 운동은 온몸의 혈액순환을 원활하게 한다. 무엇보다 인체의 균형은 신경조직을 안정시켜, 심신을 건강하게 하고 건전한 세계관을 유지하는 근간을 이룬다.

심신이 상호작용하는 이치에 따라, 몸의 바른 자세는 마음의 바른 태도로 이어진다. 반면에 평소에 자세가 바르지 못한 사람은 뒤틀린 생각을 갖기 쉽다. 이처럼 자세의 불균형과 정신적 편견은 일맥상통한 면이 많다.

잘못된 생활습관을 고치는 일은 고통을 수반하기 때문에, 바른 습관을 체득할 때까지는 불균형의 원인에 대한 이해와 동시에 절제력과 인내심이 필요하다. 이러한 이치는 우리 사회의 불균형을 해소하고, 건강한 사회를 만드는 데도 그대로 적용된다.

수행의 도리와 사회 경영의 이치는 다르지 않다. 우리 사회의 갈등 해소는 심신 양면의 바른 자세 교육과 캠페인으로부터 다시 시작하는 것이 가장 간명하고 효과적이다.

08. 심신의학(心身醫學)

심물일원(心物一元)은 고대 동양의 기본적인 세계관이다.

유교와 도교의 뿌리가 되는 《역경》은 마음과 물질의 근본이 하나라는 관점에서, 인간의 심사와 문명 사이의 관계와 흐름을 논하고 있다. 한의학의 시발점이라고 할 수 있는 《황제내경》은 《역경》에서 비롯된 것으로, 마음과 물질이 서로 전환하는 역(易)의 관점을 계승하고 있다.

정신과 물질의 변화는 세상의 대립과 조화의 과정을 이루는 자연의 양대 흐름이라고 할 수 있다. 동양의학은 고대로부터 자연의 변화 원리와 인간 장부의 작용 원리가 동일하다고 보고, 심신이 상호작용하는 이치를 질병의 치료에 적용해왔다.

심신 통합의 양생법이 서양의학에서 인정을 받게 된 것은 심신의학이 발달하면서부터다. 서양의학은 본래 몸과 마음을 서로 다른 별개의 영역으로 보았다. 특히 서양의학에서는 몸이 치료의 중심이었다.

몸 중심의 서양의학이 코페르니쿠스적인 전환을 이룬 계기는 허버트 벤슨(Herbert Benson) 박사의 지적 호기심에서 비롯된다.

그는 티베트의 승려들이 '뜸모(tummo)'라는 수련법으로 한 겨울에도 추위를 견딘다는 얘기를 듣고, 그 사실을 확인하고 싶었다. 그는 달라이 라마의 허락을 받아, 1981년 연구팀을 이끌고 티베트의 다람살라를 방문했다. 연구팀은 여러 승려들을 대상으로 한 실험을 통해, 마음이 몸에 영향을 미친다는 점을 과학적인 방법으로 확인했다.

그 이후 많은 실험결과들에 의해, 정신작용이 심혈관계, 내분비계, 면역 등에 직접적인 영향을 준다는 사실들이 속속 밝혀졌다. 수행의 방법이 치료의 한 분야로 널리 인정받은 결과, 마침내 1999년 미국의 상하원 전체는 벤슨 박사가 주도하는 심신요법센터 설립에 1천만 달러의 예산을 배정하는 데 동의했다.

이후 심신의학은 본격적인 발전을 거듭하면서, 미국 보건의료에 획기적인 기여를 하고 있다. 지금은 동양의학의 원리와 방법들이 첨단의학과 융합하면서, 심신의학이 빠르게 발전하고 있다.

심신 통합의 이치를 알아야 양생(養生)의 도(道)를 이해할 수 있고, 수행 과정에서 만나는 각종 난관을 극복할 수 있다. 심신의학과 고대 동양의 수행이 동시에 중요시하는 공통점 중의 하나가 뇌의 기능이다.

수행으로 선정에 이를 수 있는 것은 뇌신경과 깊은 관계가 있다.

서양의학에서도 뇌신경과 정신작용의 상호작용에 관한 연구를 통해, 뇌가 의식의 핵심이라는 사실을 입증하고 있다. 그러나 아직까지는 관념적이고 물질적인 측면에서, 신경과 의식의 상관관계를 연구하고 있는 수준에 불과하다.

고대 동양의 수행은 과학의 한계를 넘어가고 있다.

도가(道家)에서도 일차적으로 "환정보뇌, 장생불로(還精補腦, 長生不老)"라고 하여, 신체기능의 작용에서 뇌를 중점에 두었다. 여기서 '정(精)'은 남자의 정자를 의미하는 것이 아니다. 물론 정욕을 참으면, 생명력을 낭비하지 않을 수 있다. 그러나 욕정을 참는 것만으로 수행을 완성한다고 생각하면, 그것은 커다란 착각이다.

금욕은 수행의 한 방편은 되지만, 그 목적은 아니라는 사실을 명심해야 한다.

환정보뇌의 정은 정기신(精氣神)의 정으로서, 생명을 이루는 기본 물질을 의미한다. 이를테면 호르몬, 혈액 등과 같이 심신작용의 중심을 이루는 핵심 요소들이다. 성적인 욕구뿐만 아니라 몸과 마음의 다양한 욕구를 잘 절제하면, 인체의 물질대사가 균형을 유지하게 된다. 그 결과, 뇌신경이 건강하게 보강되고, 젊음을 오래 유지할 수 있다.

앞서 언급했듯이, 사실상 온몸이 뇌다. 따라서 전체적인 심신작용의 균형은 중요하다. 심신의 상태를 청정하게 유지하면서, 조화와 균형의 삶을 사는 것이 정(精)을 단련하는 핵심 내용이다.

정기신의 단련은 생명수행에 특화되어 있는 도가 수행의 비결이다. "정을 단련하여 기를 이루고, 기를 단련하여 신을 이루며, 신을 단련하여 태허로 돌아간다(鍊精化氣, 鍊氣化神, 鍊神還虛)."는 수련과정을 통해 평범한 인간은 도가의 최종단계인 진인(眞人)이 될 수 있다.

진인은 인간 보살(菩薩)이자 신인(神人)이다.

수행이 과학의 한계를 넘어가는 부분은 바로 기(氣)와 신(神) 그리고 허(虛)에 있다. 기(氣)는 정(精)과 신(神)을 연결하는 중간매개 작용을 한다. 정기신이 한의학에서 생명과 건강관리의 핵심이다.

동양의학에서는 고대로부터 인체에 신경이나 혈관이외에 기맥(氣脈)이 있다는 사실을 인식하고, 기(氣)를 모든 치료에 활용해왔다. 몇 년 전에 작고한 소광섭 교수는 혈액순환계(심혈계)와 면역세포의 순환계(림프계) 이외에 제3의 순환계가 있다는 사실을, 광자(光

子, photon)를 방출하는 기공사의 사례를 통해 입증했다.

최근 서양의학에서도 이 부분에 대한 연구가 활발하지만, 아직 이론과 물질의 한계를 벗어나지 못하고 있다.

특히 신(神)과 허(虛)의 영역은 서양에서는 종교의 영역으로 돌리고 있다. 신(神)은 생명을 움직이는 영적 의식이자 주체이고, 허(虛)는 생명 기운의 본체를 의미한다. AI가 선도하고 있는 물질과 정신의 융합문명시대에 수행이 의미를 지니는 것은 암흑물질과 암흑에너지에 해당하는 모든 존재의 본질 부분이다.

물질과학의 정점에 있는 AI가 수행의 필요성을 역으로 입증하고 있는 셈이다.

인간이 과학을 통해 신의 영역에 도전하기 위해서는, 수행의 원리와 방법이 심신의학, 정신물리학 등과 같은 첨단과학의 중심에 설 수밖에 없다고 본다. 인간이 신허(神虛)에 이르는 길은 성인(聖人)들의 말씀 속에 있다. 여러 경전 속에 흩어져 있는 수행의 이치를 종합하는 데 있어서, AI는 많은 시간을 줄일 수 있다.

이 점에서, 수행은 과학과 종교를 연결하고, 생명혁명을 일으키는 가교역할을 하게 될 것이다.

09. 건강의 비결은 자신에게 있다

영원히 젊음을 유지하고 싶은 것은 모든 인간의 잠재적 욕망이다. 더불어 뭔가 신비한 사물이나 장소에서 영생의 비결을 찾는 심리는 동서고금의 보편적 현상이다. 진시황제도 그와 같은 심정으로 현재 우리의 강토(疆土)로 추정되는 동방에서 불로초를 찾고자 했다.

그러나 성인(聖人)들의 말씀을 종합하면, 생명의 신비는 먼 곳에 있는 것이 아니라, 가까운 우리 삶속에 있다. 일상의 평범한 현상 속에, 영원불멸의 진리이자 생명의 신비가 함께 있다. 그런데도 우리는 생명의 도리를 제대로 인식하고 있지 못하고 있다.

현대 생명과학에서도 이러한 경향을 엿볼 수 있다. 생명의 신비를 캐고자 하는 의학적 노력의 산물들이 역으로 생명을 왜곡하는 사례들은 우리 주변에 많이 있다.

예를 들어, 신약과 백신 개발이 오히려 어떤 사람들에게는 생명을 위협하는 경우를 왕왕 볼 수 있다. 사실 어떤 특수한 약이 어떤 질병에 100퍼센트 효과를 보는 경우는 매우 드물다. 대부분의 약은 항생 작용이나 대증요법으로 증상을 일시적으로 완화하는 경우가 대부분이다.

사실 나머지는 우리 자신의 섭생(攝生)이 병을 치료한다.

우리 몸은 스스로 생태적 균형을 조율하는 자정능력(自淨能力)을 갖추고 있다. 그렇다고 의학적 치료를 반대하거나 경시하는 것은 아니다.

중요한 사실은 우리 자신이 질병 치료의 주체라는 점이다.

앞서 〈심신의학(心身醫學)〉에서, 정기신(精氣神)이 건강관리의 핵심이라고 한 것과 같은 맥락이다. 섭생 차원에서 정기신의 관리는 몸과 마음과 삶을 종합적으로 균형 유지하는 일체의 행위를 말한다.

평소의 삶이 건전한 사람은 질병에 잘 걸리지 않는다.

특별히 유전적 요인이나 사고가 아니라면, 대부분의 병은 생활습관에서 시작된다. 생명 에너지가 왕성할 때는, 잘못된 생활습관으로 인한 병세가 잘 드러나지 않는다. 하지만 미약한 물방울이 장시간에 걸쳐 바위를 뚫듯이, 그릇된 습관들이 쌓이고 쌓여 임계점을 넘어가면 생명력을 급격히 떨어뜨리게 된다.

건강한 생활습관은 종합적인 결과물이다. 좋고 나쁨을 종합해서, 좋은 요인들이 많을수록 보다 건강한 삶을 살 수 있다. 이 점에서, 좋은 생활습관의 기준을 세우는 일은 무엇보다 중요하다.

모든 생명활동의 중심은 자기 자신이다.

각자 살아가는 삶의 인과는 다른 사람들과 다르기 때문에, 먼저 자신의 중심을 찾는 데 중점을 두어야 세상의 거친 흐름에 휩쓸리지 않는다. 자신의 생명력은 자신의 삶속에 그 원인과 결과를 내포하고 있다. "너 자신을 알라."고 한 소크라테스의 말씀은 영원한 삶의 핵심이 우리 자신에게 있다는 사실을 알리는 경종과 같다.

우리는 서로 각자 독특한 존재다.

차별성은 모든 생명의 기본적인 특징이다. 생명의 일차적인 차별성은 체질과 성향의 차이로 나타난다. 한의학에서는 사람의 체질을 4가지, 즉 태양인(太陽人), 태음인(太陰人), 소양인(少陽人), 그리고 소음인(少陰人)으로 분류하고 있다. 체질에 따라 성향을 분석하고 음식, 운동 등의 섭생방법을 달리 처방한다.

사주팔자(四柱八字)로 성향과 체질을 분석하기도 한다. 하지만 모두 통계적인 자료에 불과하다. 요즘 유행하고 있는 MBTI 성격분석도 과학적이지 않다. 자신을 특정한 틀에 가두지 않는 것이 바람직하다.

사실 우리는 모든 체질과 성향을 동시에 지니고 있다.

그 정도의 차이가 상대적으로 크거나 작을 뿐이다. 더욱이 현재 삶의 조건과 상황이 시시각각으로 변하기 때문에, 체질과 성향이 발현되는 인과(因果)의 상황은 수시로 달라진다. 따라서 특정한 체질이나 성향에 지나치게 집착하지 않는 것이 오히려 건강에 좋다.

보도매체에서 어떤 특별한 음식이나 약을 광고하면, 마치 그것이 불로장생의 특효약인 것처럼 과대 포장하는 경향이 많다. 그러나 사람마다 인연이 다르듯이, 자신에게 맞는 건강식품이나 약의 인연도 다르다. 또한 자신의 인과 변화에 따라, 맞는 식품이나 약도 변한다.

상업광고 속에는 사람들의 마음을 끌기 위한 여러 가지 전략이 숨어있다. 그러므로 자본주의의 속성과 건강문화를 구별하는 지혜가 필요하다. 우리 몸은 우리가 인식하지 못하는 무수한 물질들의 인연화합으로 유지되고 있다. 어떤 특정한 것을 지나치게 주장한다면, 건강 상식에 위배되는 일이다. 이러한 이치로 특별한 건강법을 지나치게 고집하는 경우에도, 건강을 저해할 수 있다.

삶의 인과는 사람마다 다르다.

따라서 건강한 사람들의 건강법을 무조건 따라 할 필요는 없다. 다만 여러 건강법을 참고해서, 삶의 변화에 맞게, 그때그때 적절한 건강법을 활용하는 것이 현명하다. 나의 중심을 잡되, 나에게도 집착하지 않는 태도가 건강한 삶의 핵심 비결이다. 무엇보다 인과의 변화를 꿰뚫어 보는 지혜가 건강한 삶으로 인도하는 등불이기 때문에, 나는 지혜수행을 강조한다.

차별성과 상반되는 생명의 또 다른 특징은 포용성이다.

우리 자신은 사회의 일원으로서 공동체의 생명관계 속에 있다. 다른 사람과의 관계가 조화로운 균형을 이루지 못하면, 건강한 삶을 오래 유지할 수 없다. 이 점에서, 건강한 삶의 비결은 겸양(謙讓)에 있다. 자신을 너무 내세우는 사람은 건강과 행복을 오래 누릴 수 없다.

예를 들어, 힘이 센 사람은 과도하게 힘을 앞세우다가, 자신의 생명을 해치기 쉽다. 머리가 너무 좋은 사람은 지나치게 잔꾀를 쓰다가, 스스로 파놓은 함정에 빠지는 경우가 허다하다. 현자(賢者)는 자신을 중심으로 다른 사람들과 조화를 유지하는 법이다.

건강은 건전한 상식을 회복하는 일이다.

우리의 상식은 자신과 남을 분별하는 경계의 상식이라면, 성인(聖人)의 상식은 중심을 잡고 경계를 넘어가는 완전한 지혜의 상식이다. 자신의 중심을 인류사회의 모든 생명으로 확장할 때, 영원한 생명력을 얻을 수 있다. 지혜와 더불어 사랑과 자비는 생명을 지키고 확장하는 좌우의 날개와 같다.

성인들의 정신이 시대와 공간을 초월해서 영원히 우리들의 삶에 커다란 동력으로 작용하는 이유이기도 하다.

10. 수행과 역(易)의 지혜

수행(修行)은 몸과 마음과 삶의 변화를 바르게 조율해서, 의식을 깨우고 진실한 삶을 추구하는 일이다.

역(易)은 달과 해가 대표하는 음(陰)과 양(陽)의 변화를 통해 인간이 나아갈 바를 제시하는, 천문(天文)과 인문(人文)이 결합된 학문이다. 고대의 학문은 단순한 이론과학이 아닌, 실질적인 삶의 융합과학이었다.

수행과 역의 공통점은 세상의 상대적 변화의 모순 속에서 중도적 삶을 통해 의식상승을 이루는 데 중점이 있다.

우리의 몸과 마음과 삶은 시시각각 큰 변화 속에 생명의 원환을 이루고 있다. 우주도 고요한 듯하지만, 엄청난 변화의 흐름 속에 거대한 원환을 그리고 있다. 우리가 살고 있는 지구는 자전과 공전을 하고 있고, 지구가 속한 태양계 역시 은하핵 주변을 돌고 있다. 그러나 우리는 우리 내부의 미세한 변화뿐만 아니라, 외부의 거대한 흐름도 느끼지 못하고 있다.

역(易)은 천문의 변화와 인간의 흥망성쇠를 연결하여, 인류문명사의 흐름을 밝히고 있다.

나는 공자가 새롭게 정리하고 해설한 《주역》이 역술서가 아니라, 수행서(修行書)라고 주장한 바 있다. 공자는 나이 50부터 죽간으로 된 역을 20여 년간 닳도록 참구해서, 70세에 이르러 도(道)를 깨달았다. 공자가 깨친 것은 음양의 부호로 점을 치는 역술의 이치가 아니라, 삶의 변화 이치다. 보다 정확히 말하자면, 시간과 공간의 변화에 따른 인간 처세의 바른 도리를 공자는 꿰뚫은 것이다.

모든 존재는 우주의 축소판으로, 존재의 현상적 이치와 온 우주를 관통하는 하늘의 도리는 서로 통하는 접점이 있다. 도리에 맞는 삶이 영원한 진리에 이르는 유일한 길이다. 진리에서 벗어난 사람은 일시적으로 크게 흥한 듯이 보일지라도, 결국에는 참혹한 타락으로 막을 내리게 되어 있다.

AI시대에 수행이 의미를 갖는 점은 만물의 다양성과 통일성을 통찰하는 마음의 눈을 뜨게 하는 데 있다. 수행을 크게 보면, 물질과 정신의 양대 측면으로 나눌 수 있다. 인간의 정신을 위해 물질을 조화롭게 융합하기 위해서는, 정신세계와 물질세계의 상관관계를 근본적으로 이해해야 한다.

수행은 물질과 정신의 이해로부터 시작해서, 미시세계와 거시세계, 표면과 이면, 음(陰)과 양(陽) 등의 양극적 관계의 모순을 조율해서 회통하는 몸과 마음 그리고 삶의 총체적인 활동이다.

수행의 첫 단계는 몸을 이해하는 데서 시작한다.

육체는 뼈, 근육, 지방, 혈액, 신경 등을 구성하는 미세한 세포로 이루어져 있다. 세포는 인체 조직에 따라 일정한 재생주기가 있다. 위장세포는 2시간 30분마다, 신경세포는 7년마다 새롭게 바뀐다. 역(易)의 괘(卦)가 6개의 효(爻)로 구성된 것은 만물이 6단계의 변화를 거치기 때문이다.

7단계는 새로운 구체적 상황으로 전환하기 전에 일순간 머무는, 영적인 상태에 해당하는 중간 영역이다. 인간의 생명변화로 치자면, 죽어서 새로운 몸을 받기 전인 중음(中陰)의 단계다. 역(易)은 물질세계의 변화를 상징하는 암호체계다. 따라서 비가시적인 세계를 상징하는 7효는 없다.

물질 성분으로 구성된 몸은 자연의 일부로서 물질세계의 법칙에서 벗어날 수 없다. 그러므로 자연의 생명흐름에 순응할 때, 인체는 생기를 유지하게 된다. 음양이 순환하는 이치를 따르는 것은 건강에도 좋다. 계절로는 봄과 초여름에, 하루 중에는 오전에 양기를 돋우는 활동을 주로 하고, 가을과 초겨울, 그리고 오후에는 양기를 거두고 음기로 돌아가 구체적인 정리나 결실에 중점을 두는 것이 순리다.

또한 양기가 상승할 때는 심리적인 활동이 적합하고, 음기가 높아질 때는 생리적인 활동이 적당하다. 그리고 음양의 전환이 크게 일어나는 한낮과 한여름, 그리고 한밤과 한겨울에는 심신의 안정과 휴식을 취하는 것이 무엇보다 중요하다.

한편 우리의 정신은 비좁은 육체에 갇혀 있고, 생리적 변화에 크게 영향을 받고 있다. 이 때문에 우주의 대부분을 차지하고 있는 암흑 에너지와 연결될 수 있는 의식의 통로가 우리 내부에 있지만, 거의 대부분의 사람들은 그 통로가 막혀있다.

보다 정확히 말하자면, 심리와 생리에 투영된 자의식과 분별의식이 무의식 저편의 본심을 가리고 있다.

우리의 의식은 폭류(暴流)와 같기 때문에, 너무 거칠고 힘이 강해서 멈추기 힘들다. 또한 관념에 매인 정신은 대부분 작용과 반작용의 물질세계의 법칙에서 예외가 아니다. 어떤 생각, 감정, 느낌 등이 일어나면, 그에 반응하는 또 다른 생각, 감정, 느낌 등이 연쇄적으로 증폭된다.

따라서 현재의 의식 상태에서 청정한 본래 의식으로 돌아가려면, 의식작용 속에도 원심력과 구심력이 작용하는 역(易)의 이치를 이해해야 한다.

서로 다른 몸과 개별의식이 만나는 우리의 삶은 더욱 복잡한 변화의 흐름을 보인다. 우리가 머무르고자 하는 곳은 불행히도 영원한 안식처가 아니다. 에머슨의 표현을 빌리자면, 우리의 '정박지는 유사지(流砂地)'에 불과하다.

사람들은 세상에서 나름의 이상향을 건설하려고 노력하지만, 그 이상향은 잠시의 신기루일 수밖에 없다. 이 점에서, 세상의 불완전한 변화가 인간 존재에게 주는 의미를 근본적으로 성찰해볼 필요가 있다.

움직인다는 것은 만물의 균형이 불완전하다는 것을 의미한다.

불완전한 상태에서 만물은 다람쥐 쳇바퀴와 같은 순환적 전환을 거듭하고 있다. 그럼에도 불구하고 우리가 삶을 지속해야 하는 이유는, 변화의 고통을 이겨내는 과정을 통해, 물질적 변용을 초극한 정신을 얻고자 함이다.

역(易)이 주는 교훈처럼, 우리는 일신우일신(日新又日新)의 자세로 몸과 마음과 삶을 조금씩 정화시키는 수밖에 없다. 삶 자체가 수행인 이유가 여기에 있다. 완전하기 위한 끊임없는 노력이 적게는 개인의 삶을 개선시키고, 크게는 인류문명을 발전시킨다.

11. 운명을 극복하는 근원적 해법

인간의 삶은 복잡한 인연의 결과물이다.

그 중에서도 태어나는 순간 주어지는 삶의 환경은 일생의 운명을 결정하는 중요한 요인이다. 어떤 조건에서 태어날지 결정하고 세상에 나오는 사람은 아마도 없을 것이다. 물론 종교적으로 보면, 현생의 환경을 선택해서 태어나는 신인(神人)들의 얘기가 나온다. 그리고 보통 사람들은 전생 인연의 결과로 현생의 상황이 결정된다고 한다.

여기서는 알 수 없는 전생의 인연을 제외하고, 지금 여기 현실의 삶에서 출발해서 우리의 운명을 성찰해보자.

나는 어린 시절부터 "나는 무엇인가?"라는 문제를 두고 고민했다. 그런 인연의 결과로 수행을 연구하게 되었다. 그러나 꼭 수행이 아니더라도, 어떤 학문도 "인간이 하는 모든 연구는 인간에 관한 연구다."라는 명제에서 벗어날 수 없다.

그 대표적인 학문이 철학이다. 현대철학은 대부분 서양철학의 원리와 방법으로 인간의 존재와 운명을 연구하고 있다. 그러나 서양철학은 관념과 표현의 성(城) 안에서 세상 밖을 바라보는 한계를 지니고 있다. 철학은 개념의 틀 속에서 본질인 이데아를 꿈꾼다. 그럼에도 플라톤은 이데아의 모방으로서 철학의 의미를 중시했다.

서양철학의 한계를 지적한 사람은 다름 아닌 플라톤의 제자인 아리스토텔레스다. 그는 철학은 '모방의 모방'에 불과하다고 말했다. 철학은 관념적인 표현으로 이데아의 투영에 불과한 현실세계의 실체를 밝히려고 시도하기 때문이다.

따라서 철학이 아무리 이데아를 잘 표현해도, 진리에서 두 단계 떨어질 수밖에 없게 된다.

오히려 인간의 감정을 다루는 문학이 철학보다 세상의 실체적 진실을 보다 잘 표현할 뿐만 아니라 삶을 고양시킬 수 있다고, 아리스토텔레스는 보았다. 문학은 인생의 비극을 통해 감정의 카타르시스(정화)를 제공할 수 있기 때문이다. 이 점에서, 그는 문학을 철학보다 한수 높게 평가했다.

인생은 사실 기쁨보다는 슬프고 괴로운 일이 더 많다.

아마도 문인들은 인간의 감정을 가장 치열하게 들여다보고 표현하는 사람들일 게다. 최근에 노벨평화상을 탄 한강 작가도 우리가 선택할 수 없는 환경 조건에서 몸부림치는 인간의 삶을 작품 속에 진솔하게 담아냈다. 스웨덴 한림원에서 수상 이유를 설명했듯이, 그녀는 '역사적 트라우마에 맞서서 인간이 처한 삶의 연약함을 시적(詩的)으로 드러낸 강렬한 산문'으로 우리의 삶을 보다 예술적으로 승화시켰다.

그녀의 작품은 우리의 삶이 그 어떤 역사적 사실보다 소중하다는 사실을 일깨우고 있다.

유럽인들이 공감한 것은 비참한 역사적 사건들 속에서 강렬하게 대비되는 삶의 소중한 가치라고 할 수 있다. 아마도 그녀의 작품을 통해 감정이 정화되고, 존재의 순수성이 회복되는 느낌을 받았을 것이다.

인간의 원초적 심성을 보여주는 다른 예로 마광수의 작품세계를 얘기할 수 있다. 그는 외설 시비가 있던 소설도 썼지만, 누구보다도 솔직하게 인간의 내밀한 심사를 표현한 시인이기도 했다. 그는 〈효도에〉라는 시에서 어머니와의 관계를 통해, 자신이 처한 운명을 받아들이고 살 수밖에 없는 삶에 대해 도발적으로 말한다. "어머니, 전 효도라는 말이 싫어요. / 제가 태어나고 싶어서 나왔나요? 어머니가 저를 낳으시고 싶어서 낳으셨나요?"

그러나 결론에서는 반대로 운명을 받아들이고, 모든 생명을 감싸 안는 원초적 사랑으로 의식이 확장되고 있다. "모든 동정으로, 연민으로/ 이 세상 모든 살아가는 생명들에 대한 애정으로 진정 어머닐 사랑해요, 사랑해요." 어머니와 자식 간의 조건 없는 사랑이 세상으로 확대되면, 모든 생명을 품어 안고 경계를 초월하는 인류애가 된다.

에머슨은 문인과 철학자의 중간 어느 쯤에서, 객관적으로 운명을 바라보았다. 입지전적인 위인들의 삶이 대개 그렇듯이, 에머슨도 수많은 인생의 풍파를 겪으며, 불행과 행복이 인생에 중첩되어 있음을 통감했다.

그는 슬픔이나 기쁨과 같은 감정으로는 자신의 운명을 극복할 수 없었다. 반대로 철학적 사변으로도 운명의 굴레에서 벗어날 수 없었다. 관념적 사고와 감정의 표현이 존재의 실체를 온전히 드러낼 수 없다는 자각에서, 새로운 인생은 시작된다.

에머슨은 '우리를 제한하는 모든 것'을 운명이라고 부른다.

삶의 환경이라고 할 수 있는 운명을 우리는 수용할 수밖에 없다. 그러나 주어진 운명을 받아들이기만 한다면, 우리는 운명의 압제적 환경에서 자유로울 수 없다. 에머슨이 선택한 길은 실용주의적 중도의 길이다. 운명의 수용과 초월이라는 양면적 노력을 통해, 우리는 운명의 한계를 극복할 수 있다. 운명을 당당히 마주해서, 인생의 혁명적 변화들을 이끌어내는 자만이 성공할 수 있다.

미국은 혁명적 변화를 꿈꾸는 사람들이 건설한 나라다.

미국의 정신을 정립한 에머슨이 추구한 아메리칸 드림은 단순히 물질적인 성공을 의미하지 않는다. 그가 주장한 성공은 동서양의 종교 사상을 하나로 관통하는 인류도덕과 자유의 정신을 깨닫고, 도덕정신을 자신의 인연에 맞게 세상에 구현하는 것이다.

현상의 물질은 수단이고, 목적은 진리의 정신이다. 따라서 수단을 실용적으로 활용해서 진리의 눈을 뜬 자가 운명의 한계를 넘어 참으로 성공한 사람이다.

동양은 전통적으로 천지인의 3대 요소가 어떤 인과로 결합하느냐에 따라 개인의 운명을 논했다.

삶의 인과는 내연(內緣)과 외연(外緣)으로 나눌 수 있다. 내연은 태생적으로 품고 있는 개인의 내면적 인연사를 말하고, 외연은 살아가면서 접하게 되는 외부적 인연사를 뜻한다. 양자역학에 의해 밝혀졌듯이, 모든 인연의 결과물은 보는 관점에 따라 변한다. 천지인의 내연과 외연도 세상을 구성하는 양극적 요소들을 대하는 마음의 상태에 따라 달라진다. 천지인은 고정된 실체로 존재하는 것이 아니라, 유동적인 관계로 존재하기 때문이다.

인연을 대하는 마음은 근원적으로 운명을 주재한다.

그러므로 인간에 대한 이해와 진리에 대한 성찰을 통해 세상을 바르게 보는 눈을 뜨는 것이 운명을 극복하는 핵심이다. 근원으로 돌아갈 때는 마음을 비워야 하지만, 세상을 주도적으로 살기 위해서는 마음을 도리에 맞게 잘 써야 한다.

무심(無心)과 유심(有心)을 상황에 맞게 균형 있게 쓰는 자는 진리와 현상 양면에서 성공적이고 멋진 삶을 영위할 수 있다. 따라서 우리는 안과 밖의 양면에서 자기혁신과 더불어 사회공동체를 아우르는 노력을 동시에 기울일 필요가 있다.

12. 음식남녀(飮食男女)

인류사회의 본질적인 특징을 정의하자면, 공자가 《예기》에서 말씀한 '음식남녀'라는 한마디로 표현할 수 있다. 음식남녀는 인간의 욕망을 대표한다. 석가도 사바세계를 움직이는 힘이 욕망임을 통찰하고, 인간이 사는 세상을 욕계(欲界)라고 말씀했다.

먹고사는 문제와 남녀 간에서 비롯되는 온갖 욕구가 인류역사를 움직이는 원초적 동력이다.

역사를 철학사조의 흐름이나 과학기술의 발달 측면에서 다양하게 분류할 수 있다. 그러나 그 밑바닥을 보면, 두 줄기 근본 욕망의 얽히고설킴이 수많은 문명의 부침을 만들어낸다는 점에서, 예나 지금이나 동일하다. 변화의 현상만 다를 뿐, 욕망의 흐름 자체는 그대로다.

원초적 욕망에서 비롯된 희로애락이 삶을 형성하는 실질적인 힘이라는 점에서, 욕망을 어떻게 관리하느냐가 행복과 번영을 좌우한다고 말할 수 있다. 잘 먹고, 잘 살고자 하는 욕구는 물질적 욕구다. 우리 몸은 자연의 일부로서 물질이기 때문에, 몸이 요구하는 성분을 충족시키는 것은 생존을 위한 본능적 욕구다. 생존본능에서 인간은 동물과 크게 다를 것이 없다.

하지만 동물과 인간은 생태적인 측면에서 전혀 다르다.

동물은 필요한 것만 먹고 쌓아두지 않지만, 인간은 필요 이상으로 취하고 쌓아놓으려 한다. 그렇기 때문에 욕구가 지나치면, 다툼이 일어날 수밖에 없다. 음식이 대표하는 물질은 생존의 조건이지만, 지금은 주객이 전도되어 삶의 목적이 되었다.

인류사회에 싸움이 끊이지 않는 근본 이유는 인간이 모든 존재의 생태적 관계를 근원적으로 통찰하지 못하기 때문이다.

음식을 보다 근원적인 측면에서 보면, 생명을 대표한다고 볼 수 있다. 고대 인도의 경전인 《우파니샤드》는 모든 생명이 음식에서 나와서 음식으로 돌아간다고 설파했다. 음식은 전체 생명공동체의 그물망을 유기적으로 연결하는 매개체다. 또한 음식은 생명을 움직이는 자양분이라는 점에서 생명력 그 자체다. 음식을 보는 관점이 생태적으로 변하지 않으면, 인간사회의 분쟁은 끝없이 이어질 수 있다.

음식이 생명을 움직이고 유지하는 원동력은 순환에 있다.

순환하지 않고 정체돼 있는 것은 내부에서 썩기 시작해서 서서히 붕괴된다. 수많은 자연재해, 사회적 갈등, 전쟁 등이 끊이지 않는 이유는 생명의 순환이 막힌 상태에서 발생하는 반작용이다. 자연의 일부에 불과한 인간이 대자연의 법칙을 거스른 대가는 상상하기 힘들다.

생태계를 복원하는 일은 내 몸의 생태적 균형을 회복하는 일에서 시작된다. 몸이 생태적 균형을 회복하면, 몸은 필요한 것만 요구하게 된다. 몸이 필요 이상으로 지나치게 뭔가를 원한다면, 역으로 몸의 균형이 무너졌다는 사실을 알 수 있다.

한편 몸과 마음은 하나다.

몸의 욕구는 마음의 욕망과 그대로 연결된다. 몸이 마음에 영향을 주듯이, 심리(心理)가 생리(生理)에 직접적으로 영향을 미치기 때문이다. 심신의학에서 몸과 마음의 관계를 통해 질병을 치료하고 있는 근거다. 심신의 균형을 회복하는 관건은 몸과 마음의 욕구를 잘 살피고 조율하는 데 있다.

물론 절제와 인내가 필요한 일이다.

사람마다 체질과 성향이 다르기 때문에, 각자의 기본적 욕구도 다르다. 외부 상황과 조건에 따라 변하는 심신의 상태를 파악함으로써, 자신의 욕망을 바람직한 방향으로 전환할 수 있다. 이 점에서, 자신을 진정으로 치료할 수 있는 의사는 자기 자신이다. 만약 자신을 잘 모른다면, 자신에 대한 존중을 스스로 하지 않은 것이다.

심신의 생태적 균형이 잘 잡힌 남녀 간의 사랑은 건강한 인간사회를 유지하는 토대를 이룬다. 육체적으로나 정신적으로나 균형을 상실한 사랑은 동서고금을 막론하고 개인과 가족뿐만 아니라 사회와 국가를 망치는 주요 요인이었다. 각 계층의 리더들은 사회에 미치는 영향이 크므로, 가진 자의 도덕적 의무 차원에서 특별히 개인의 욕망을 잘 관리할 필요가 있다.

시시때때로 생리와 심리의 불균형을 살펴, 그 원인을 제거하면 생태적으로 건강한 심신을 회복할 수 있다. 나로부터 시작된 생태적 균형이 온 인류에게 파급되면, 지구의 생태계는 다시 생명력을 회복할 수 있다.

남녀의 원초적 욕망에서 출산율 저하의 원인도 찾을 수 있다.

우리는 사랑의 관념을 왜곡시키는 음란물에 지나치게 노출되어 있다. 이러한 환경이 출산율 저하에 한몫하고 있다. 충동적인 성폭력에 의한 임신은 대부분 낙태로 이어질 수밖에 없다. 또한 어린 시절부터 음란물에 중독되면, 남녀 모두 뇌신경 기능이 왜곡되고 생식능력이 현저하게 떨어진다.

섹스 산업에 AI가 이용되는 상황에서, 육체적 성교육을 균형 잡는 인문학적 성교육이 절실하다. 진실한 사랑은 진리를 추구하는 사람만이 할 수 있다. 세속적인 사랑은 대부분 특정한 대상이나 매력 등에 대한 집착이므로, 집착하던 것이 사라지면 사랑도 소멸한다.

남녀의 사랑이 주는 큰 가르침이 있다.

건강한 사랑은 인류애의 기초가 된다. 남녀 간의 일시적인 사랑이 영원한 인류애로 승화될 때, 완전한 사랑과 자비가 된다. 이때 비로소 진정한 평화와 공존번영이 이룩될 수 있다.

13. 먹는 음식이 나를 이룬다

인간은 자연의 일부로서 자연과의 소통 없이는 하루도 살 수 없다. 그 소통을 가장 직접적으로 느낄 수 있는 것은 바로 음식이다. 먹는 음식의 영양성분은 몸을 구성하고, 정신작용에도 영향을 미친다.

음식은 나를 이루는 토대라고 할 수 있다.

생태적인 입장에서 나의 생명은 식재료의 관리와 식습관에 크게 좌우된다. 크게 보면, 우리가 먹고 마시는 모든 것이 삶의 환경과 밀접히 연관되어 있다는 것을 알 수 있다.

'신토불이(身土不二)'라는 말이 있다.

이 말은 우리 땅에서 나온 농산물이 우리에게 잘 맞는다는 의미로 널리 쓰이고 있다. 본래 이 말은 불교용어다. 쉽게 말하면, 내 업연(業緣)의 현재 상태와 조건은 내가 의존하고 있는 환경과 하나로 연결되어 있다는 뜻이다. 근본적인 의미는 다르지만, 내가 상대하는 것이 나의 존재 상황을 이루는 요소라는 사실에서, 시사점은 비슷하다. 지금은 유통과 물류의 발달로 전 세계의 식재료가 우리의 식탁에 오르고 있다. 따라서 식재료의 종류와 상태를 잘 선별하고 관리하는 일은 더욱 더 중요해졌다.

식재료의 관리는 근본적으로 환경오염과 직결되는 문제다.

예를 들어, 미세플라스틱이 전 세계적인 문제로 인류의 건강을 심각하게 위협하고 있는 상황이다. 우리가 함부로 버린 플라스틱이 바다에서 분해되면, 일차적으로는 플랑크톤이 미세플라스틱을 먹는다. 물고기는 플랑크톤을 먹고, 먹이사슬의 최상위에 있는 인간은 미세플라스틱에 오염된 물고기를 섭취한다. 다행히 알갱이가 큰 미세플라스틱은 대부분 인체 밖으로 배출되지만, 문제는 아주 작은 나노플라스틱이 우리 몸속에 축적된다는 점이다. 인체 축적이 임계점을 넘어가면, 염증, 장기 손상, 내분비 교란 등을 야기하고, 심하면 돌이킬 수 없는 질병이 된다.

자연환경을 잘 관리하고 보존하는 것이 좋은 식재료를 얻는 근간이라는 사실을 잊지 말아야 하겠다.

우리나라는 3면이 바다이고, 산도 많고 크고 작은 강도 더불어 많다. 또한 사계절이 비교적 뚜렷해서, 예로부터 약성(藥性)이 높은 농수산물이 풍성했었다. 하지만 산업화와 도시화의 흐름은 생태적 환경을 급격히 악화시키고 있기 때문에, 이제는 안심할 수 없는 식생활 환경조건이 되었다.

여기에 지나친 과소비는 환경오염을 더욱 가속화 하고 있다.

과소비는 식생활에도 파고들어, 음식 쓰레기는 사회적 문제로 대두되고 있다. 우리 사회에서 예전에는 못 먹어서 죽는 사람이 많았다면, 지금은 지나치게 먹어서 생긴 각종 병으로 사망하는 사람들이 늘고 있다.

심지어 '먹방'이 유행을 하면서, 건강한 식생활에 악영향을 미치고 있다. 2024년 6월 필리핀에서는 유명한 먹방 유튜버인 동즈 아파탄이 관련 방송 후에 숨진 일이 있었다. 이 사건을 계기로 필리핀은 먹방 콘텐츠 제작과 유통을 금지하는 것을 고려했었다. 남의 나라 일만은 아니다.

음식의 양보다는 질과 풍미를 중시하고, 무엇보다 심신의 안정을 이루면서 새로운 시대 흐름에 맞는 음식문화의 개발이 중요하다.

수행의 측면에서, 음식은 몸의 영양분을 고루 섭취해서 정신을 맑고 깨끗하게 유지하는 데 의미가 있다. 사실 전문 수행자는 많은 음식이 필요하지 않다. 생활이 소박하고 마음이 고요하기 때문에, 적은 음식으로도 수행을 하는 데 지장이 없다. 하지만 사회생활을 하는 일반 수행자들은 각자 일의 양과 정도에 따라 식습관의 균형을 이루는 방식을 달리하는 것이 좋다.

우리는 먹기 위해 사는 것이 아니라, 깨달음을 얻기 위해 먹는 것이다.

만약 먹기 위해 산다면, 우리는 짐승과 다를 것이 없다. 깨달음은 우리의 진정한 존재 이유다. 물론 사람마다 추구하는 깨달음의 목적과 정도는 다를 수 있다. 작게는 자신의 인격 성장에 도움이 되는 소소한 깨달음에서, 크게는 모든 경계를 넘는 완전한 인간으로 거듭나기 위한 깨달음에 이르기까지, 각자의 목적을 성취하기 위해서는 먹는 음식에서 자신을 성찰할 필요가 있다. 이 때문에, 모든 종교에서 음식을 먹기 전에 감사의 기도를 드리고 있다.

우리가 먹는 것은 눈에 보이는 음식뿐만이 아니다.

호흡기를 통해 보이지 않는 공기와 더불어 미생물도 흡입하고 있다. 또한 의식하지 못하지만, 오감을 통해 우주의 소립자들과 접촉하고 있다. 생명 순환의 관점에서 보면, 음식은 모든 사람을 우주의 생명 에너지 정보와 연결하는 자연의 통로와 같다. 우리는 음식을 통해 대자연의 기운과 소통하고 있는 셈이다. 자연의 기운이 우리에게 생기(生氣)를 주는 이유는 조화와 균형에 있다.

조화로운 균형이 깨지면, 자연의 기운은 언제든지 생기가 아닌 사기(死氣)로 전환될 수 있다.

바른 식습관을 들이는 것은 우리 자신과 사회를 위해 모두 중요한 일이다. 식습관의 핵심은 편식, 과식, 폭식을 삼가고, 계절에 맞는 음식을 바른 조리법으로 적당하게 섭취하는 일이다. 식습관의 균형을 찾으면, 몸 상태가 매우 상쾌해진다.

먹거리의 조화를 통해 우리 사회도 상쾌해지길 소망한다. 바른 음식문화는 건전한 정신문화 위에 확립될 수 있다.

14. 사회공동체를 살리는 지혜교육

우리나라 사람들의 똑똑함은 세계적으로 정평이 나있다.

변화에 대한 적응과 일처리 속도는 다른 어느 나라 사람들보다 빠르다. 우리 기업들이 다양한 분야에서 세계적인 기업으로 빠르게 성장할 수 있었던 원천은 인적 자원의 우수함에 있다. 그런데 묘하게도 명석한 두뇌가 인생을 사는 데 방해가 될 때도 많다. 물질적 분별력은 공동체의 조화를 깨는 경우가 많기 때문이다. 자기중심의 이익 추구는 다른 사람들을 불편하게 하고, 심하면 사회 전체의 생명력을 위협하게 된다.

우리나라의 사회갈등지수는 멕시코, 이스라엘 다음으로 높다.

부정부패로 마약산업을 통제할 수 없을 정도인 멕시코는 제외하고, 이스라엘과 한국의 공통점은 머리 좋고 자기주장이 강한 사람들이 많다는 점이다. 또 한 가지 공통점은 선민사상(選民思想)이다. 이스라엘 사람들이 믿는 유대교는 유대민족만이 구원받기로 예정되어 있다고 가르친다. 지금 이스라엘과 이슬람지역 사이에서 악순환이 되고 있는 전쟁의 원인에는 배타적 의식이 근원적으로 작용하고 있다.

우리에게도 좀 미약하지만 천손의식(天孫意識)이 잠재의식 속에 있다. 다만 홍익인간(弘益人間)과 재세이화(在世理化)의 보편적 가치가 전통사상에 있기 때문에, 우리는 분열의 위기 때마다 통합하는 잠재력을 지니고 있다.

그러나 서구식 문화와 교육이 도입된 이래로 통합정신은 빛을 잃어가고 있다. 분열과 통합의 양면적 의식이 우리 내부에서 충돌하고 있다. 그래서 우리는 서로 뜻이 맞을 때는 목숨을 걸고 뭉치지만, 뜻이 갈리면 바로 뒤돌아서서 맹렬하게 맞서는 특성을 지니게 되었다.

안타깝지만 단편적인 지식 중심의 교육은 통합보다는 분열을 더욱 조장하고 있다.

지식은 물질과 관념의 벽을 공고히 세우고, 경계 안에서 자기중심의 이익을 추구하는 데 일조한다. 산업사회에서 강대국들은 폐쇄적인 경제망을 통해서 안정적으로 경제적 부를 축적할 수 있었다. 그러나 AI는 물질 중심의 경계를 급속하게 무너뜨리고 있다. 역(易)의 이치에서 보면, 불확실성이 최고에 이르는 한계상황에서 오히려 자기중심의 생존욕구가 강하게 작용하는 법이다.

2024년 미 대선에서 트럼프의 당선은 시대변화에 두려움을 느낀 심리가 미국인들에게 작용한 결과다. 특히 AI로 인한 급속한 전환기에는 경제질서가 혼란하기 때문에, 생존의 수단인 직업도 안정적으로 보장을 받을 수 없다. 트럼프는 노련한 사업가답게 이런 상황과 사람들의 심리를 잘 이용했다. 트럼프는 앞으로 미국의 이익을 중심으로 세계경제질서의 재편을 강하게 밀어붙일 것이다.

그러나 미국을 절대중심으로 내세우는 전략은 오히려 다극적(多極的) 세계질서를 불러오는 법이다.

이 상황에서 어떻게 대처할 것인가가 우리의 화두다. 트럼프의 정책으로 일시적으로 피해를 보거나, 반대로 이익을 볼 수 있는 기업들이 있게 된다. 많은 사람들이 트럼프 시대를 맞아 우왕좌왕하고 있는데, 사실 트럼프 시대보다도 더 중요한 것은 그 이후 세상의 변화다. 우리는 한편으로 부화뇌동하지 말고, 다른 한편으로 위기를 기회로 전환하는 방법을 강구하는 것이 현명하다.

따라서 양면적으로 시대의 변화에 대처해야 한다.

단기적으로는 트럼프의 정책에 대응하고, 장기적으로는 AI시대 융합문명사회를 본격적으로 대비할 때, 우리는 지속적으로 성장할 수 있다. 모든 불행의 근원은 눈앞의 이익만 쫓는 어리석음에 있다는 사실을 명심할 필요가 있다.

미래사회를 대비하는 가장 중요한 요소는 미래사회를 선도할 인재를 위한 지혜교육이다.

총체성을 상실한 단편적인 지식이 아니라, 모든 경계를 넘어 삶속에서 숨을 쉬는 지혜가 우리뿐만 아니라 인류를 살릴 수 있다. 지식은 어떤 분야의 단면을 주로 본다면, 지혜는 현상과 본질을 표면과 이면, 앞과 뒤, 작용과 반작용 등의 양면에서 총체적으로 파악한다.

앞으로 단편적인 지식은 AI가 인간을 압도할 것이다. 그러나 생명이 없는 지식을 융합해서 살아있는 유기적 전체로 만드는 일은 전체사회를 조화롭게 조율하는 균형인재만이 할 수 있는 일이다. AI시대 인류의 존재가치는 지혜를 함양하는 교육에 달려있다.

인류의 비극을 막는 교육적 처방은 융합학문의 도입이다.

서구의 과학계, 철학계, 교육계 등은 이미 오래전부터 통합교육의 중요성을 깨닫고 '학제간 연구'를 활발히 도입해왔다. 그 과정에서 동양의 사상과 방법론을 활용하면서, 상당히 많은 성과를 내고 있다. 양자물리학과 같은 첨단 물리학은 이러한 노력의 결과물이다.

미래사회의 주도권은 물질과 정신을 융합하는 능력에 달려있다.

그러나 서구인들의 의식 속에 뿌리박혀 있는 관념적 사고방식은 온전한 융합창의력을 막고 있는 최대 걸림돌이다. 융합창의력에는 무엇보다 이율배반적 현상을 통합하는 직관의 정신이 절실히 필요하다.

그런데 양극적 현상을 꿰뚫어 보는 직관의 지혜는 하루아침에 생기지 않는다. 우리 의식 속에 잠재되어 있는 직관의 정신을 회복할 필요가 절실하지만, 문제는 우리에게 시간적 여유가 많지 않다는 점이다. 문명대전환기에는 변화의 흐름이 매우 빠르다. 서양, 특히 미국이 오랫동안 준비한 것을 천천히 대비할 수 없다.

뭔가 특별한 대책이 필요하다.

우리도 늦게나마 학제간 연구를 여러 분야에서 시도하고 있지만, 성과는 아직 미흡하다. 학문 간 벽이 너무 공고해서, 아직도 서로 접근하기 힘든 영역이 많다. AI의 원천기술을 거의 독점한 초강대국과 상대하기 위해서는, 우리에게 내재한 직관의 통찰력을 빠른 시간 내에 촉발시키는 동인(動因)을 찾을 수밖에 없다. 그 방법은 수행문화에 있다. 수행의 원리와 방법이 모든 생활문화에 적용돼서, 모든 가치를 통섭하는 생활문화가 제2의 새마을운동처럼 승화되길 소망한다.

앞서 〈어린이교육의 바른 방향〉에서 밝혔듯이, 어린이의 생활습관 교육을 시발점으로 삼으면 사회갈등이 최소화된다. 더불어 선도적

인재교육에 수행의 정신과 문화를 접목하면, 짧은 시간에 강력한 효과를 낼 수 있다.

AI시대는 인간의 의식을 깨우고, 지혜를 밝히는 수행의 시대다. 통합적인 교육문화와 우리에게 잠재된 직관의식이 융합해서 폭발력을 발휘하면, AI의 잠재적 위협과 양자물리학의 한계를 해결하는 초지혜(超智慧)를 얻을 수 있다. 함께 지혜수행의 길을 떠나보자.

15. 한글과 소리수행

소리는 생명의 시작을 알리는 신호와 같다.

태아는 어머니 뱃속에서 부모의 소리를 듣고 생명을 키운다. 특히 어머니의 모든 생명활동은 그대로 소리의 파장으로 태아에게 전달된다. 소리는 또한 생명의 마지막을 인도하는 신호이기도 하다. 임종 후에 다시 살아난 사람들이 사후에 겪은 일들을 전하는 일화를 들으면, 소리의 중요성을 알 수 있다. 임사체험이나 최면을 통해 알 수 있는 전생의 여러 사례들을 종합하면, 사람의 숨이 끊어져도 얼마 동안은 이근(耳根)은 살아서 주변의 소리를 들을 수 있다고 한다.

우리말에 "낮말은 새가 듣고 밤말은 쥐가 듣는다."는 속담이 있다. 말을 함부로 하면 안 된다는 의미다. 식물인간도 말을 듣는다는 사례가 보도되었다. 남아프카공화국의 마틴 피스토리우스(Martin Pistorius)는 13년간 식물인간으로 지내다가 기적적으로 깨어났을 때, 놀랍게도 그동안 자신을 돌본 사람들의 얘기를 듣고 있었다고 해서 세상을 놀라게 했다. 부지불식간에 소리는 모든 생명을 이어주는 영적 기능을 하고 있다.

소리의 파동 속에서는 생명의 정보가 담겨있다.

첨단 물리학의 발전으로, 모든 물질에는 파동과 입자가 동전의 양면처럼 함께 한다는 사실이 밝혀졌다. 그동안 과학은 입자 중심으로 물질의 융합에 중점을 두고 발전했다. 앞으로 미래과학은 상대적으로 파동의 역할이 더욱 커지면서, 궁극에는 두 가지 요소가 융합하는 시대가 된다.

문제는 파동을 보면 입자가 안 보이고, 입자를 보면 파동이 사라진다는 데 있다. 따라서 융합의 방식이 기계적인 융합이 아니라, 양극적 요소가 이율배반적으로 함께 공존하는 방식이 될 때, 물질과 정신이 진정으로 융합하는 문명사회가 열린다.

파동은 정신세계와 연결된다.

이 점에서, 융합문명사회를 여는 핵심 열쇠는 소리의 파동을 이해하는 데 있다고 할 수 있다. 소리의 파장 속에는 정신의 숨결이 담겨있기 때문이다. 좋은 뜻이 담겨있는 글을 읽으면, 마음속이 정화되고 의지를 굳건히 할 수 있는 이유가 여기에 있다.

서당식 교육을 예로 들을 수 있다.

서양의 근대식 교육이 들어오기 전에는, 서당과 같은 소규모 공간에서 이해하기 힘든 내용을 암송하는 것이 전통사회의 주된 교육이었다. 단순해 보이는 암송교육을 통해 그 당시 아이들은 자연스럽게 예의범절과 심오한 도리를 깨칠 수 있었다. 또한 어린 시절에 머릿속에 박힌 지혜의 씨앗들은 성장하면서 다양한 경험을 통해 자연스럽게 삶의 지혜로 발현되었다.

요즘에 고등교육을 받은 아이들과 예전에 서당식 교육을 받고 자란 사람들을 비교해보면, 서당식 교육이 상당히 큰 교육적 효과가 있었음을 알 수 있다. 같은 연령대에서 양쪽의 의식 수준을 비교해보면, 큰 차이가 난다. 삶의 도리를 중심으로 교육 받은 사람들은, 처세에 있어서, 단순한 정보 위주의 교육을 받고 자란 요즘 아이들보다 훨씬 의식수준이 높았다.

소리와 뜻이 하나가 되어 의식과 무의식 양쪽에서 상승작용을 했기 때문이다.

소리의 이해방식은 언어마다 다르다. 언어 체계는 세상을 바라보는 관점을 결정한다. 어떤 언어보다 한글은 세상의 변화 흐름을 바르게 인식할 수 있는 소리문자의 체계를 지니고 있다.

한글은 천지인(天地人)과 오행(五行)의 이치로 만든 소리문자다.

기본 모음인 'ㆍ'는 하늘, 'ㅡ'는 땅, 그리고 'ㅣ'는 사람을 상징한다. 그리고 혀와 구강의 모양을 본뜬 기본 5자음은 목화토금수(木火土金水)의 기운을 담고 있다. 'ㄱ'은 목(木), 'ㄴ'은 화(火), 'ㅁ'은 토(土), 'ㅅ'은 금(金), 그리고 'ㅇ'은 수(水)의 기운이 있다.

그러므로 모음과 자음이 조화를 이룬 한글을 바르게 발성하면, 심신은 기운의 균형을 이루며 건강해진다. 한글에 내재된 심신치유의 음성학적 메커니즘이 작용하기 때문이다.

오행의 기운을 소리로 가장 분명하게 발음할 수 있는 언어는 우리 한글이 유일하다. 어떤 생명 정보도 한글로 표현할 수 있다. 이 점에서, 나는 우리에게 필요한 외래어를 한글로 표현하는 것에 대해서 찬성하는 편이고, 실제로 그렇게 하고 있다.

영어에 각종 외국어가 편입되어 다양하고 풍부한 문화가 융합되었듯이, 한글도 융합문명시대의 흐름에 맞게 고유한 낱말의 보존과 더불어 외래어의 적절한 수용을 통해 우리말의 폭과 깊이를 확장할 필요가 있다. 물론 공중도덕을 해치는 표현은 삼가는 것이 좋다. 언어생활에도 절제가 필요하다.

언어현상을 보면 사회의 풍속과 문화를 알 수 있다.

현대인의 분열된 의식은 파편화되어 있는 언어의 내용, 의미, 형식

등에서 엿볼 수 있다. 예를 들어, 노래의 가사는 매우 슬픈데, 리듬과 박자는 반대로 지나치게 경쾌하다.

또 다른 예로, 말을 지나치게 축약함으로써 소리가 분절되는 현상이 생기고 있다. 마치 물화(物化)된 인간의 소외를 투영하는 것 같아서 왠지 서글프다. 긴 명칭을 줄여서 부르는 것은 필요하겠지만, 올바른 단어를 줄이거나 비틀어 소리를 내는 것은 사회의 풍속뿐만 아니라 개인의 건강에도 좋지 않다.

이런 풍조가 사회에 만연하면 사회질서에도 악영향을 미친다. 세종대왕이 창제한 훈민정음(訓民正音)의 의미처럼, 한글은 본래의 바른 소리를 낼 때, 사람들의 의식을 바르게 깨우는 교육기능을 하게 된다.

유아기에 아이의 뜻을 바르게 심는 데 부모의 역할은 특히 중요하다. 부모가 좋은 내용을 분명하게 발음하면, 소리와 뜻의 인식체계가 아이의 의식 속에 바르게 자리 잡게 된다. 이 과정을 통해 부모도 새롭게 학습하는 계기가 된다.

초등학교 저학년까지는 아이 스스로 바른 소리를 내는 연습이 필요하다.

정부 차원에서 어린이를 위한 제대로 된 한글 발성교육 프로그램을 개발하고 보급하는 정책마련이 절실하다. 이 일은 우리문화의 세계화에도 크게 기여할 수 있다.

음성의 이치가 확립된 후에는, 소리를 내지 않고 마음속으로 읽어도 의식의 파장이 울리게 된다.

유아기에 소리 훈련이 중요하듯이, 노인에게도 소리는 매우 중요하다. 임종 시에 평소 자신이 믿는 종교의 말씀이나 신앙대상의 명호를 마음속으로 염송(念誦)하면, 죽음의 두려움을 이겨내고 편안히 눈을 감을 수 있다. 믿음의 소리가 의식을 고요하게 전환시킬 수 있기 때문이다. 그러나 평소에 소리수행이 체득되어 있지 않으면, 이런 효과를 볼 수 없다.

이처럼 소리는 생활수행의 큰 공부거리다.

소리와 뜻이 조화를 이루면, 효과가 더욱 높다. 그런 의미에서, 성인(聖人)의 말씀을 가까이 두고 틈나는 대로 읽으면, 마음이 맑고 밝아진다. 여기에 그에 상응하는 행동이 이어지면, 진리가 삶속에서 체화되는 최상의 효과를 볼 수 있다.

진리의 체화를 위해서는, 뜻을 바르게 세우는 것이 중요하다.

무엇보다 보편적인 진리 추구를 최고의 선(善)으로 삼아야 한다. 그런 다음에 자신의 개성과 능력을 개발하고, 그 바탕 위에 사회를 위한 봉사를 목표로 하는 것이 순리다. 이렇게 할 때, 우물 안 개구식의 작은 성공이 아닌, 개인과 사회공동체 모두를 위한 진정한 성공을 이룰 수 있다.

16. 바른 기도

인류문화는 기도에서 출발했다고 해도 과언이 아니다.

함축된 언어로 인간의 고양된 감정을 표현하는 시(詩)는 간절한 기도에서 비롯되었다. 시(詩)라는 한자가 '말씀 언(言)'과 '절 사(寺)'의 합성인 점에서도 알 수 있다. 여기서 절은 모든 종교 형태를 대표하는 것이다. 무속을 비롯해 신앙의 형태를 띠고 있는 모든 종교행위는 기도를 통해 개인과 사회의 안정과 발전을 기원한다. 종교가 없는 사람도 어려움에 처하면 기도를 한다.

예로부터 우리의 조상들, 특히 집안의 어머니와 할머니에게는 가족의 안녕을 위해 정화수 한 그릇 올려놓고 정성껏 기도를 올리는 전통문화가 있었다. 기도가 우리 생활문화와 밀접하게 관련을 맺고 있는 점에서, 기도에 대한 바른 성찰을 하는 것은 매우 중요하다.

어떤 기도가 바른 기도인가?

아마도 이 문제에 관해서 냉철하고 직접적으로 대답한 대표적인 사람으로 에머슨을 들 수 있다. 그는 개신교 목사 집안 출신으로, 그 자신도 목사직을 수행한 적이 있었다. 목사직을 사임한 후에는, 동양의 종교를 섭렵하고 동서양의 종교사상을 하나로 융합한 초절주의를 창시했다. 미국의 통합정신을 대표하는 에머슨에게서 기도의 의미를 알아보면, 개별 종교의 특수성을 넘어 객관성을 띤 기도의 의미를 알 수 있을 것이다.

기도에 대한 그릇된 관념이 사회의 모순을 낳고 있다.

에머슨은 이에 관해, 미국의 지도자들에게 가장 많은 영향을 끼친 산문 〈자립〉에서, "특별한 편의, 즉 전체적 선(善)이 아닌 어떤 것을 갈구하는 기도는 사악하다."고 말했다. 사실 냉정하게 우리가 하는 기도를 돌아보면, 대부분의 기도는 뭔가 잘 되게 해달라고 비는 일이다.

그런데 우리가 원하는 그것은 남들도 원하는 것이다. 모두가 그것을 원할 텐데, 과연 그 기도가 효과가 있을까? 이런 기도는 잘못된 기도다. 에머슨은 이런 기도에 대해 아주 냉소적으로 평가한다. "사사로운 목적을 성취하는 수단으로서의 기도는 야비하고, 도적질과 같다." 에머슨이 지적한 기도의 모습이 현재 대부분의 사람들이 하는 기도의 방식이기도 한 점에서, 그의 일침을 깊이 곱씹어볼 필요가 있다.

에머슨은 바른 기도에 관해 다음과 같이 말했다. "기도는 가장 높은 견지에서 인생의 사실들을 관조하는 것이다." 기도는 기복(祈福)이 아니라, 성찰(省察)이다.

성인(聖人)들은 공통적으로 인간이 바른 성찰을 통해 완전한 사람으로 거듭나기를 바랐다. 앞서 여러 곳에서 강조했듯이, 인간의 발전은 자기 자신에게 달려있다. 이 점에 관해서, 에머슨은 "스스로 돕는 사람은 신과 사람들에게 언제나 환영받는 법이다."고 말했다. 자업자득(自業自得)인 것이다.

일체의 미신을 격파하고, 삶의 인과를 성찰하고 자신의 잘못을 고쳐나가는 것이 바른 성찰의 기도라고 할 수 있다. 이런 기도라면 최고의 수행방법이기도 하다.

수행의 입장에서 좀 더 구체적으로 바른 기도의 방법에 관해 말해보겠다. 우선 기도하기 전에 심신의 상태를 살피는 일은 매우 중요하다. 몸과 마음과 환경이 기도에 적합한 청정한 상태인지 성찰하는 일은 기도에 임하는 자세와 연결된다. 사사로운 감정을 배제하고 공령(空靈)한 상태에서 자신을 돌아볼 때, 자신의 실체가 드러난다.

기도에서 가장 중요한 요소는 이 세상이 고정되어 있지 않다는 사실을 깨닫는 일이다. 무엇인가 고정된 것을 바라는 기도는 세상 변화의 이치에 맞지 않다. 우리가 고정되어 있다고 보고, 소중히 여기는 것들은 언젠가 사라지게 된다.

예를 들어, 사회적으로 높은 위치에 있다고 생각되는 직업은 사회가 변하면 언제든 낮은 위치로 내려앉거나, 심지어는 없어질 수도 있다. 부가가치가 높은 직종일수록 AI가 빨리 대체할 가능성이 크다.

따라서 우리는 사라지지 않을 것을 기도해야 한다.

그렇다면 무엇이 사라지지 않는 것일까? 그것은 변화의 도리와 도리에 맞게 영위하는 삶 자체는 변하지 않는다. 무언가를 바라는 기도가 명사적(名詞的) 기도라면, 어떤 삶을 살지를 기도하는 것은 동사적(動詞的) 기도다.

명사적 기도는 누군가 대신할 수 있는 물질적 대상에 대한 기도라면, 동사적 기도는 누구도 대신할 수 없는 나 자신의 고유한 생명활동에 대한 기도다. 존재에서 삶으로, 대상에서 생명흐름으로, 기도의 내용을 전환할 때, 새로운 세상은 열린다.

기도가 수행의 일환이 되면 가장 바람직하다. 이렇게 되면, 일상의 성실한 삶 자체가 기도가 된다. 인생의 도리에 맞게 성실하게 사는 사람은 개인적인 이익을 위한 특별한 기도가 필요 없다.

한편 우리는 사회적 존재로서, 역할은 인간관계에서 매우 중요하다.

그러나 명사적 기도에 익숙한 사람들은 어떤 지위를 투쟁으로 쟁취하려는 경향이 높다. 그런 사람이 높은 지위에 올라서면, 그는 역할의 효율을 중시할 뿐, 역할의 사회적 파장에 대해서는 별 관심이 없을 가능성이 높다.

반면에 어떻게 살 것인가의 관점에서 기도를 하는 사람은 자신의 역할이 사회에 미치는 영향을 통찰하고, 도리에 맞게 처신하는 데 집중할 것이다.

내가 또는 우리가 죽는다고, 인류사회가 없어지지는 않는다.

우리의 생명활동은 사회문화로 남아 후손들에게 전해지는 법이다. 우리의 육신은 비록 죽어서 없어질지라도, 육신에 깃들어 있던 생명의식은 다음 생명으로 이어진다. 생명의식을 영혼, 카르마(Karma), 업(業) 등 다양한 표현으로 부르고 있는데, 표현을 가지고 논쟁을 할 필요는 없다. 핵심은 우리의 생명활동이 도리에 맞을 때, 후손이 바른 생명정신을 이어받고 번성할 수 있다는 점이다.

그러므로 우리가 어떻게 살 것인가에 관해 올바르게 성찰할 때, 우리 사회의 바른 전환은 이루어진다.

어려서부터 바른 기도의 습관을 들이는 것은 사회를 맑고 밝게 바꾸는 동력이 된다. 예를 들어, "우리 아이가 시험에 합격하게 해주세

요."보다는 "우리 아이가 최선을 다해 시험을 보게 해주세요."라고
하는 것이 바른 기도다.

여기서 핵심은 동사적 생명활동에 중점을 둔 기도라는 점이다.

참고로 나는 "저와 가족과 이 사회를 올바른 길로 인도하소서."라고
기도한다. 어떤 특정한 대상에 대한 소망이 아니라, 그에 합당한 행
위에 대한 성찰로서 기도가 중요하다. 이렇게 기도하면, 우리의 삶
을 돌아볼 수밖에 없다. 그 결과로 삶의 도리는 점차 회복된다.

바른 도리가 사회에 확고하게 자리 잡으면, 우리나라의 발전은 당연
한 일이 된다.

그동안 인류사회가 끊임없는 전쟁과 다툼으로 고통을 받은 근본원
인은 바른 삶의 영위보다는 물질적 대상을 쟁취하는 데 모든 역량을
집중했기 때문이다.

AI시대는 수행의 시대다.

무엇보다 AI개발을 둘러싸고 벌어지는 탐욕과 그로부터 예상되는
참혹한 결과를 예방하기 위해서, 수행문화는 반드시 필요하다. 또한
물질과 정신의 융합의 한계를 초월하는 융합창의력의 발현을 위해
서라도, 수행은 불가피하다.

삶을 변화시키는 수행으로서의 기도가 앞으로 인류에게 주어진 마지막 관문이 될 수 있다. 그 관문을 우리가 열기를 간절히 소망한다.

삶을 변화시키는 수행으로서의 기도가 앞으로 인류에게 주어진 마지막 관문이 될 수 있다. 그 관문을 우리가 열기를 간절히 소망한다.

17. 어둠을 밝히는 지혜

자연은 늘 새로움의 연속이다. 자연의 변화는 시작과 끝을 나눌 수 없이 이어지는 속성을 지니고 있으므로, 공자는 '생생지위역(生生之謂易)'이란 말씀을 했다. 하지만 인간은 시작과 끝을 가르고 차별하려는 분별심(分別心)을 타고 났다.

한 해가 시작하는 기준점을 세우는 일에도 인간의 특성이 드러난다. 세월의 기준은 시대상황이 크게 변할 때마다 달라졌다. 예를 들어, 우리는 음력 1월 1일 설날을 새로운 해로 맞이하는 풍습이 예로부터 있었다. 그러나 서양력(西洋曆)이 들어온 이후로 우리는 양력 1월 1일을 새해로 삼고 있다.

태양력을 기준으로 보면, 동지(冬至)가 새해의 시작이기도 하다.

동지는 음기(陰氣)가 극에 이르러 밖은 어둠이 짙지만, 내부에서는 그 반작용으로 밝은 양기(陽氣)가 미약하게나마 생성된 때다. 보통 12월 22일을 포함해 앞뒤 날에 새해의 기운이 들어온다. 2024년에는 12월 21일에 동지가 들었다. 음양 순환의 측면에서 보면, 이 날이 2025년의 새해 첫날인 셈이다.

태양력은 주역의 기준이 되는 역법(曆法)이다. 이 역법은 해와 달, 즉 음양의 율려작용을 가장 분명하게 표현하고 있다. 농사를 기본으로 삼았던 우리 조상들은 사실 음력과 태양력을 동시에 사용했다.

새로운 해의 기운이 올라오고 있지만, 우리는 지금 시작부터 어두운 현실에 직면해 있다. 상식적으로 문제의 실타래를 풀어나가는 것이 현명하다.

위급한 문제부터 해결하는 것이 순리다.

새로운 변화에는 마중물이 필요하듯이, 변화를 막고 있는 장애를 무엇보다 먼저 해결하는 일은 가장 시급한 일이자, 바른 변화를 유도하는 마중물에 해당한다. 그런 연후에 도리에 맞게 중요한 일들을 하나씩 해결하면, 어떤 문제도 결국 해결되기 마련이다.

주역에서 어둠을 헤치고, 새롭게 출발하는 지혜를 찾아볼 수 있다. 현재 우리의 상황은 택풍대과(澤風大過)에서 중수감(重水坎)으로 위기가 연이어지는 형국이고, 최종 해결책은 중화리(重火離)에 있다.

택풍대과의 모습은 위아래, 좌우 등 사회를 이루는 두 세력이 너무 강하게 대립하고 있는 상황을 보여준다. 강한 양극단이 마주하고 투쟁하면, 중간에서 사회를 떠받치고 있는 여러 조직의 기둥들이 휘어질 수 있다. 갈등이 격화되면, 개인적인 감정이 공적인 사회정의를 가리게 된다.

택풍대과의 또 다른 경종은 구오(九五)에 있다. 보통 오효(五爻)는 지도자의 자리로 여섯 개 효 중에서 가장 좋은 위치를 차지하고 있기 때문에, 효사도 대부분 나쁘지 않다. 그러나 이 괘의 구오 효사는 입에 담을 수 없을 정도로 좋지 않다. 한 마디로 최고 경영자가 바른 경영에는 관심이 없고, 세속의 쾌락에 빠진 모습을 형용하고 있다.

이런 상황에서 어떤 조직이든 경영의 중심을 잡는 건전한 조직문화와 시스템이 없다면, 그 조직이 붕괴되는 것은 시간문제일 뿐이다. 택풍대과는 "썩은 것은 도려내야 한다."는 대의를 담고 있다.

택풍대과를 다스리는 도리는 풍택중부(風澤中孚), 중천건(重天乾), 그리고 산뢰이(山雷頤)에서 찾을 수 있다. 여기서는 개별 괘와 효의 세세한 의미보다는 변화흐름의 핵심을 살펴보고자 한다.

풍택중부는 중도의 도리, 중천건은 변화의 바른 흐름, 그리고 산뢰이는 절제와 조율의 의미를 담고 있다. 전체를 하나로 연결해서 뜻을 풀면, 중도의 도리로 변화흐름의 순행과 역행을 절도 있게 조율하는 것이 사회의 큰 허물을 방비하는 길임을 알 수 있다.

택풍대과의 근본적인 원인은 산뢰이에서 찾을 수 있다. 산뢰이는 "바른 도리로 인재를 양육하라."는 이치를 담고 있다. 종합하면, 이 사회의 '큰 잘못(大過)'은 인재를 바르게 육성하지 못한 결과로 나타난 현상이다.

사회의 불균형을 조율하는 인재를 충분히 양성하지 못했기 때문에, 우리 사회는 지금 극단적 상황에 몰리게 되었다. 양극단을 중재하는 중도세력이 미약하면, 큰 변화에 직면할 때마다 사회의 동요가 클 수밖에 없다.

그동안 우리 사회는 지나치게 물질적인 발전에 치우쳐, 인간 본연의 절제된 인간교육을 등한시했다. 일단 우리 스스로가 자초한 현실을 부정하지 말고, 인정하는 것이 문제해결의 시발점이 된다.

이 점에서, 우리는 "군자는 자기에게서 구하고, 소인은 남에게서 구한다(君子求諸己, 小人求諸人)."고 한 공자의 말씀을 되새길 필요가 있다. 문제의 원인을 남에게 돌리지 말고, 나로부터 새로운 시작의 발판을 마련하는 것이 도리다.

큰 허물을 제대로 관리하지 못하면, 위기가 겹겹이 몰아쳐오게 된다. 이 모습이 바로 중수감(重水坎)이다. 공자는 이런 상황과 그에 대처하는 도리에 관해서, "상사에서 이르기를, 물이 계속 흘러옴이 습감이다. 군자는 이로써 항상 덕을 행하고, 늘 가르침에 힘쓴다(象曰, 水洊至, 習坎, 君子以常德行, 習敎事)."고 말씀했다.

역(易)은 항상 반면의 이치를 암시한다. 위기가 극에 이르면, 그에 대항하는 기운이 발동하기 마련이다. 이때 위기를 잘 다스리면, 기회가 찾아온다. 전화위복의 길은 바른 도덕과 인간교육의 회복에 달려있다.

어려움에 처할 때, 사람들은 역술, 미신, 풍수 등에 의지하기 쉽다. 그러나 공자는 이러한 태도를 크게 경계했다. 공자는 《논어》〈옹야편〉에서 특별히 공직자들에게 "귀신은 공경하되 멀리해야 한다(敬鬼神而遠之)."고 경책했다.

공자는 평생 '괴력난신(怪力亂神)'에 대해서는 언급을 자제했다. 괴이한 것, 힘으로 하는 것, 어지러운 것, 그리고 귀신에 관해서 잘 알고 있었지만, 공자는 이러한 것들이 사회의 풍속과 질서를 어지럽힐 수 있다는 사실을 매우 염려했다.

사람들의 의식을 깨우는 유일한 방법은 지혜를 함양하는 일이다.

중화리(重火離)에 어둠을 밝히는 도리가 있다. 중화리의 모습은 상괘와 하괘가 모두 지혜의 등불로 밝게 빛나는 모습을 이루고 있다.

공자는 이에 대해 "밝음이 중첩되어 바름에서 아름답게 빛난다. 이에 천하를 교화하여 이룬다(重明以麗乎正, 乃化成天下)."고 말씀했다. 성인(聖人)들이 공통적으로 말씀했듯이, 어둠을 몰아내는 최고의 방법은 진리를 밝히는 일이다.

빛이 가면, 어둠은 사라지게 된다.

어둠과 싸우는 것은 또 다른 어둠을 만들 뿐이다. 밝은 지혜로 모든 것을 하나로 융합할 수 있다. 같은 맥락에서, 공자는 이 괘의 상사에 대한 해설에서, "밝음은 둘이 모여 하나가 된 것이다. 대인은 이로써 밝음을 이어 사방을 비춘다(明兩作離, 大人以繼明照于四方)."고 말씀했다.

공자는 역(易)의 기본원리를 한마디로 '궁즉변(窮即變) 변즉통(變即通) 통즉구(通即久)'라고 말씀했다. 여기서 핵심은 변통(變通)이다. 공자는 "변해서 통하는 것을 사업이라 한다(變通之謂事)."고 결론을 내렸다. 변화를 구해도 통하지 않으면, 저 끝도 없는 나락으로 떨어질 수밖에 없다.

우리는 소통과 불통의 갈림길에 놓여 있다. 어지러운 난국을 풀고 소통하는 유일한 길은 밝은 도리를 회복하는 일이다. 새로운 시대에 수행문화와 인간교육이 무엇보다 절실한 이유다.

18. 강유(剛柔)의 조화

일 년 사계절은 자연의 변화를 가장 분명하게 보여준다.

보통 봄이 계절의 시작이라고 생각되지만, 변화의 기준점은 겨울이다. 동지(冬至)에 양(陽)의 기운이 새롭게 태어나기 때문이다. 겨울은 모든 생명력을 응축하고 있다. 봄이 오면, 겨울의 혹한을 이겨내고 강한 생명력을 키운 연약한 싹이 단단한 땅을 제치고 올라온다. 봄기운을 타고 스프링처럼 튀어 올라온 온갖 생명은 여름에 무성하게 자란다.

그러나 가을로 넘어가면 상황은 반전되기 시작한다. 서릿발 같은 기운이 무성했던 생명작용을 정리하면, 혹독한 엄동설한이 찾아온다. 겨울에 생명력은 다시 원점으로 돌아가, 다음 생명활동을 준비한다.

자연은 음양의 순환을 통해 생태적 질서를 스스로 찾아가고 있다.

양기(陽氣)의 강도와 지속성은 생명력 발산의 척도가 된다. 반면에 부드러운 음기(陰氣)는 모든 생명을 포용하고, 생명력을 응축하는 원초적 모태다. 한편 양기 속에도 부드러움이 있고, 음기 속에도 강함이 있다.

강함이 생명의 방향성을 준다면, 부드러움은 생명의 순환을 이끈다. 음양의 순환 속에서 강유(剛柔)의 조화는 생명의 질서를 유지하고, 생명력을 강화시키는 원동력이다. 자연의 변화이치에서 인간사회를 조화롭게 유지하는 법을 배울 수 있다.

자연의 질서처럼, 강유의 조화는 인간관계의 핵심이다.

의지가 강한 사람일수록 인생의 목표와 방향이 뚜렷하지만, 강한 의지만으로는 인생을 성공적으로 영위할 수 없다. 인간은 사회를 이루며 관계 속에서 살고 있기 때문에, 상호관계의 부드러운 균형이 무엇보다 중요하다. 더군다나 상대의 세력이 약하지 않을 때, 강한 태도로 일관하면, 일을 성사시키기 힘들다. 강한 의지가 일을 추진하는 힘이면, 부드러운 마음으로 상대방을 포용하는 자세는 일을 성사시키는 화합력이다.

입장이 다른 상황에서 이해타산으로 상대방을 대하면, 서로 거칠어지기 쉽다. 이때 인간관계를 부드럽게 해주는 것은 인문정신인 예(禮)라고 할 수 있다. 예는 단순히 서양식 예절인 에티켓이 아니라, 상대방을 존중하는 인문정신이 구현된 모든 행위를 말한다.

몸과 마음에서 진심으로 상대를 배려하는 태도는 서로의 관계를 부드럽게 만들기 마련이다. 이와 관련해서 공자는 《논어》〈위령공편〉에서 우리가 명심해야 할 말씀을 했다. "지혜가 미치고 어진 마음이 그것을 지켜낼 수 있고, 단정한 태도로 일에 임한다 해도, 예로써 행동하지 않으면, 일이 잘 되지 않는다(知及之, 仁能守之, 莊以涖之, 動之不以禮, 未善也)."

부드러운 문화는 사회 전체를 아우를 수 있다.

자연의 변화이치에 관해 공자는 《계사전》에서 "구부러진 원만함으로 만물이 성립하고 하나도 빠뜨리지 않는다(曲成萬物而不遺)."고 말씀했는데, 이와 같은 이치는 융합문명사회로 가는 길목에서 더욱 중요해지고 있다.

그런데 우리 사회는 지금 상대방을 이해하고 배려하는 부드러운 문화가 많이 사라졌다. 이대로 두면, 극한 대립으로 사회가 붕괴될 수도 있다. 근본 원인을 찾아서 해결해야 할 때다.

공자는 모든 사회불안의 원인을 상대방을 생각하지 않는 사람들의 거친 마음에서 찾았다. 《논어》〈태백편〉에서 공자는 "사람들이 어진 마음이 없고, 미워하는 병이 깊어지면, 사회는 혼란해진다(人而不仁, 疾之已甚亂也)."고 말씀했다. 원문의 인(仁)은 어진 마음을 넘어 사랑, 충서(忠恕) 등으로 확장해서 해석할 수 있다.

'불인(不仁)'의 원인은 한마디로 도덕성의 결여다.

사람들의 비도덕적인 행태가 일반화되면, 사회의 갈등이 잦아지게 된다. 갈등이 격화되면, 감정은 보편적 윤리와 질서의식을 흐르게 만든다. 따라서 보편적 도덕과 질서의 기준이 확고하게 정립되지 않으면, 사회의 불행을 근본적으로 해결할 수 없다.

지나친 개인주의적 태도는 보편적 정의를 가리는 가장 원초적인 요인이다. 자신의 이익을 앞세우는 자기중심적 성향은 개인 차원을 넘어 사회로 확대되었다. 전 세계에서 일어나는 분쟁과 전쟁은 자기중심의 문화와 관련이 깊다. 나만 잘 살면 된다고 생각하지만, 상대방의 배려 없이는 내 삶의 안정도 보장할 수 없다.

예수는 〈마태복음〉에서 이 사실을 분명하게 일깨웠다. "너희는 남에게서 바라는 대로 남에게 해주어라. 이것이 율법과 예언서의 정신이다."

상대방을 무시하는 마음은 도덕적 해이를 불러오기 마련이다. 도덕적 해이를 방관하면, 개인의 안정뿐만 아니라 사회와 국가의 질서를 무너뜨리는 계기가 될 수 있다. 나는 여러 차례 사회문제의 근본 원인으로 인간교육의 부재를 얘기했다.

사실 인간교육은 단순히 학교에서 하는 교과교육으로 이루어지 않는다. 일차적으로 가정이 중요하고, 그 다음으로 가정을 둘러싸고 있는 사회의 환경, 정서, 문화 등이 총체적으로 중요하다. 한 인간의 교육에는 사회 전체가 함께 하고 있는 것이다. 요즘 일선 학교에서 문제가 되고 있는 일부 학생의 무분별한 태도는 가정뿐만 아니라 사회의 부조리한 상황과 맞물려 있다.

그동안 물질적 효율을 중시하는 교육이 사회에 끼친 해악은 너무 크다. 목적을 달성하기 위해 수단을 가리지 않는 비도덕성이 가장 큰 문제다. 물질중심의 문화 속에서 자란 아이들이 사회에 끼칠 해악은 상상하기 힘들다. 자기 자식만 위하는 부모의 이기적인 의식은 오히려 자신의 아이를 망칠 뿐만 아니라, 사회를 붕괴시키는 요인이 된다.

특히 기(氣)가 지나치게 강한 이기적인 아이가 성장하면, 세상을 자기 맘대로 하려고 할 것이다. 그러면 세상은 어떻게 될 것인가? 이 점에 관해 노자는 《도덕경》에서 "천하는 신령스러운 그릇이기에, 억지로 어찌할 수 없다(天下神器. 不可爲也)."고 경책했다.

성인(聖人)의 말씀을 무시하고, 강함을 지나치게 앞세우는 사람의 성향은 폭력성으로 발전할 수 있다. 그 끝은 파멸이다. 그래서 노자는 "사물은 강해지면 곧 쇠퇴해지니, 이는 도가 아니다. 도가 아니면 일찍 끝난다(物壯則老, 是謂不道, 不道早已)."고 말씀했다. 더불어 노자는 "굳고 강한 것은 죽음의 무리다(堅強者死之徒)."라고 결론을 내렸다.

아무리 힘든 상대라도 바른 도리로 대하고, 타협점을 찾아야만 하는 이유가 여기에 있다. 인도에서 간디(Mahatma Gandhi)의 무저항 비폭력주의가 대영제국을 상대로 승리한 이유는 자유라는 대의명분의 도도한 흐름을 총칼로도 꺾을 수 없었기 때문이다.

그런데 묘하게도 강함의 지나침 못지않게, 부드러움의 지나침도 문제를 유발한다. 부드러움은 자칫 안이함을 낳을 수 있기 때문이다. 안이한 정신과 태도 또한 도덕적 타락으로 이어진다. 그러므로 강유를 균형조율하는 도덕의식을 함양하는 정신문화교육이 절실하다. 개인과 사회를 건강하게 만드는 차원에서 관념적인 교육이 아닌, 실질적이고 총제적인 인간교육을 다시 시작할 때가 왔다.

19. 지혜수행

우리는 모두 행복을 추구하지만, 실상 행복은 잠시에 불과하다.

그 이유는 우리가 추구하는 행복이 물질적 욕망에 치우쳐 있기 때문이다. 모두가 바라는 물질적 풍요, 권력, 명예 등은 영원하지 않다. 한정된 대상들을 잘 조율하기 힘들기 때문에, 인간사회에서 갈등과 투쟁은 그칠 날이 없다. 더군다나 우리는 그 원인을 두고 서로 상대방 탓을 하고 있다. 그래서 우리가 사는 세상을 고해(苦海)라고 한다.

이런 생각을 하면 마음이 무겁지만, 고통을 피하기만 하면, 영원히 그로부터 벗어날 수 없다. 불행한 현실을 마주해서, 고통의 바다에서 벗어나는 지혜를 찾아보자.

우리가 고통 속에 사는 원인을 근원적으로 성찰해보면, 어리석음이 불행의 근본원인이라는 사실을 알 수 있다.

진리의 지혜를 증득한 성인(聖人)은 광명(光明)에 비유된다. 모든 본질을 훤히 비추어 보기 때문이다. 그에 반해 진리를 볼 수 없는 어리석은 사람들은 무명(無明)이라 한다. 밝은 본심에서 우러나오는 지혜의 빛이 가려져 있어서, 세상을 온전히 볼 수 없기 때문이다. 어리석음이 자아내는 수많은 장애가 있지만, 여기서는 중요한 몇 가지만 우선 살펴보겠다.

첫째, 어리석음으로 현상의 앞만 보고, 그 뒷면을 보지 못한다. 현상의 작용에는 그에 상응하는 반작용이 있기 마련이다. 행운이 클수록, 불행도 크게 다가올 수 있다.

둘째, 눈앞의 이익에 사로잡혀, 미래를 보지 못한다. 물질과 정신 양면에서 우리가 갈구하는 욕망과 집착은 언젠가는 사라질 수밖에 없다.

셋째, 인과를 깊이 성찰하지 못한다. 더욱이 인식할 수 있는 인과보다, 인식할 수 없는 인과는 더욱 크고 무섭다.

넷째, 물질적이고 관념적인 경계 안에 갇혀서, 모든 존재를 아우르는 생명의 순환을 볼 수 없다. 그래서 우리 모두가 하나의 생명공동체를 이루고 있다는 사실을 망각하고, 서로 싸우고 있다.

다섯째, 무엇보다 어리석음으로 인해 무엇이 진리인지 인식할 수 없다. 성인들이 설파한 보편적 진리는 지금까지 어둠을 밝히는 한줄기 등불이 되고 있지만, 우리는 대부분 표현의 장벽에 가로막혀 진리의 참의미를 알지 못하고 있다. 도덕의 기준이 바르게 서있지 않기 때문에, 우리는 때로는 알면서도, 대부분은 인식하지 못하는 사이에 수많은 죄를 짓고 있다.

무명이 깊을수록 모르고 짓는 죄가 더 많다. 법률 상식으로 보면, 모르고 지은 죄보다 알고 지은 죄가 더 무겁다. 그러나 인과의 법칙으로 보면, 모르고 지은 죄가 더욱 크고 무섭다. 의식하지 못하는 죄는 아무런 죄의식 없이 끊임없이 반복되기 때문이다.

더군다나 우리는 전유할 수 없는 진리를 사유(私有)하고 있다.

예를 들어, 자신이 믿는 종교가 아닌 다른 종교를 믿는 사람들은 구원받을 수 없다고 주장하기도 한다. 이러한 인식은 어리석음으로 짓는 가장 무서운 죄다. 에머슨은 종교적 편견에 대해 누구보다 따끔한 충고를 했다.

"종교적 배타주의자는 다른 사람들이 들어오지 못하게 천국의 문을 닫으려 애씀으로써, 자기가 들어갈 수 있는 천국의 문을 스스로 닫고 있다는 사실을 알지 못한다."

천국에 가는 열쇠는 배타적인 믿음이 아니라, 진리를 실천하는 데 있다.

예수가 〈요한복음〉 8장 32절에서 "진리가 너희를 자유롭게 할 것이다."라고 말씀했듯이, 종교의 본질은 일체의 형식과 경계에서 벗어난, 인간의 진정한 해방에 있다. 석가는 인간해방의 방법을 수행법으로 구체화시켰다. 공자, 노자 등의 성인들도 진리의 도(道)에 이르는 삶과 생명의 도리를 세상에 알렸다. 모든 성인들은 표현만 다를 뿐, 공통적으로 대자유의 진리를 설파했다.

본격적인 AI시대가 도래하면, 종교의 융합이 가속화 될 것이다.

이때는 종교의 형식보다는 본질적인 내용이 중요해진다. 오랜 전승 과정에서 곡해되고 왜곡된 내용들을 AI를 통해 빠르게 정리할 수 있다. 이 과정에서 중요한 것은, 앞서 〈AI에 부여할 보편윤리〉에서 지적했듯이, 모든 종교를 통섭하는 보편윤리를 도출하는 일이다.

다행히 출판문화와 디지털기술의 발달로, 진리의 말씀들을 다양하게 활용하는 일이 가능해졌다. 또한 이미 여러 선각자들은 다양한 연구를 통해 공통의 진리를 상당 부분 도출해놓았다. 다만 구체적인 분류가 미흡할 뿐이다. 중도의 관점을 유지하면, AI를 활용해서 성인의 말씀을 분류하고, 계통을 바르게 세울 수 있다.

여기서 한 걸음 더 나아가 실질적인 교육과 훈련을 통해, 성인의 말씀을 삶에 적용하는 일이 중요하다. 진리의 효능은 소유가 아니라, 베풂에 있다. 내가 멍 때리기 쉬운 명상보다, 삶의 수행을 강조하는 이유이기도 하다.

우리의 의식과 무의식 속에는 혼탁한 인연의 씨앗들이 잠재되어 있기 때문에, 맑은 정신을 유지하기 힘들다. 삶 자체가 혼탁한 상태에서는, 명상은 오히려 또 다른 허상들을 수없이 만들 수 있다.

심행(心行)의 청정은 삶의 인과를 맑고 밝게 하는 데서 이루어진다. 따라서 성인의 말씀을 거울삼아, 우리의 삶을 성찰하는 수행이 가장 안전하다.

현재 명상을 과학적으로 분석하고, 과학화 하려는 노력이 여러 영역에서 시도되고 있다. 명상의 과학적 분석을 통해 뇌신경의 작용원리를 이해하고, 인공신경망을 개발하고 있다. 여기에는 문제점들이 많다.

《융합창의력과 인간교육》이란 책에서 밝혔듯이, 무엇보다 이론과 실험은 관념과 대상의 함수관계에서 벗어날 수 없다. 따라서 초감각 상태의 뇌신경을 아무리 연구해도, 이론과 물질 차원을 벗어난 위없는 진리의 상태에 이를 수 없다.

물질적 효율만 중시하는 세태가 인간성을 파괴했듯이, 특별한 편의

나 이익을 위해 개발되고 있는 뇌과학기술은 생명공동체의 질서를 붕괴할 수 있다. AI시대에 명상이 잘못 활용되면, 인류의 종말을 예고하는 사이보그가 현실화될 수도 있다.

인류사회의 미래를 위해, AI시대 교육은 보편 정신으로 인간의 의식을 향상시키는 데 중점을 두어야겠다. 물론 정보 위주의 물질적, 관념적 교육도 필요하다. 기본적인 자료가 충분히 쌓이고 발효될 때, 성숙한 이성이 싹틀 수 있기 때문이다.

그러나 여기에서 그치면, AI를 상대할 수 없다. 명상을 과학화 하는 전제는 바른 도덕의식의 회복이다. AI를 활용해서 이성적 토대를 폭넓고 단단하게 쌓은 연후에, 이성을 바탕으로 한층 고양된 영적 성장을 이루어야 한다.

이성을 더욱 성숙시켜 영적 능력을 회복하는 것은 우리 자신에게 달려있다. AI시대에 의식수준의 향상을 위해 수행은 필수적이다. 수행의 기준은 자기 자신이다. 자기를 스승으로 삼을 수 있는 수행단계에 이르렀을 때, 우리는 시류에 휩쓸리지 않고 자기중심을 확고히 잡을 수 있다.

미래시대의 수행에 관해서, 석가는 "스스로 지혜의 불을 밝히고, 진리의 법을 등불로 삼아라(自燈明, 法燈明)."고 말씀했다.

AI시대는 기복(祈福)이 아닌 스스로 복을 짓고 받는 자율종교의 사회가 될 것이다. 궁극적 진리는 생명의 지혜다. 자기 본위의 작은 생명이 아니라, 모든 생명을 품어 안는 지혜를 구할 때, 완전한 진리를 얻을 수 있다.

20. 대화합의 수행문화정신

주체와 객체는 서양철학의 오랜 상대적 관념이다.

상대적 물리법칙은 현상세계에 절대적인 위력을 발휘했다. 그러나 서양의 우주관과 물질관은 물리학의 발전과 더불어 깨지기 시작했다. 현대물리학은 대우주와 미시세계가 물리법칙을 초월한 불확정성을 지닌 사실을 밝혀내기도 했다. 본질에 관한 서양과학의 완전한 결론은 아직 도출되지 않았다.

반면에 동양철학은 상대적인 다양성의 세계와 절대적인 통일성의 세계를 동시에 말하고 있다. 첨단물리학이 발전할수록 성인(聖人)들이 말씀한 현상과 본질을 융회관통하는 진리가 미약하나마 드러나고 있다.

서양이 통일성의 세계에 대해 눈을 뜨기 시작한 것은 사실 오래된 일이다. 동서양의 교류는 실크로드를 통해 고대로부터 이어져 왔다. 무역상들이나 종교인들은 죽음을 무릅쓰고 그 험난한 길을 다녔지만, 일반인들에게는 마치 신기루처럼 그 실체가 잘 알려지지 않았다. 다만 플라톤과 같은 혜안이 있는 선각자들은 동양이 지향하는 통일성을 인식하고 있었다.

서양철학과 과학자들은 대부분 관념적으로 통일성을 얘기했다.

그것은 서양의 종교 그리고 정치와 관련이 깊다. 중세시대에 통일성의 정신세계는 교황이나 황제의 권위를 상징하기 때문에, 일반인들이 그것을 논하는 것은 불경스러운 일이었다. 전통적 관념에 이의를 제기하는 사람들은 큰 비판이나 처벌을 받았다. 예를 들어, 갈릴레이는 지구가 돈다는 주장으로 종교재판에 회부되었다. 이런 사정 때문에, 서양철학은 현상세계를 중심으로 발전할 수밖에 없었다.

15세기 대항해시대 이후, 동서양의 문명교류는 본격화 되었다. 그 당시에는 교류라기보다는 열강들의 일방적인 약탈에 가까웠다. 17세기에 북아메리카 대륙에 식민지가 건설되고, 18세기에 미합중국은 탄생되었다. 동서의 만남이 대원환의 결실을 맺는 과정에서, 이질적인 인종과 문화 사이에 갈등과 고통은 동반되었다.

서양의 합리적 사고방식으로 문명사적 대립은 해소되지 않았다.

19세기에 이르러 에머슨은 다양성과 통일성의 이질성을 공존시키는 초절주의를 창시함으로써, 문명의 거친 융합이 만든 상처를 치유하는 문화적 틀을 제공했다.

개체 중심의 물질세계와 전체를 아우르는 정신세계는 에머슨의 사상 속에 잘 녹아있다. 에머슨의 시(詩) 중에서 〈개체와 전체〉는 두 세계의 보이지 않는 상호연관성과 총체성을 우리에게 말해준다. "모든 것은 개체에 필요하다네./ 어떤 것도 홀로 좋거나 아름답지 못하리."

물질이든 정신이든, 모든 것은 하나로 연결되어 있다.

하나의 귀결점에 서양철학이 꿈꾸는 이데아(Idea)의 세계이자, 동양철학이 추구하는 도(道)의 경지가 있다. 모든 학문이 귀결되는 곳은 인간의 본성이고, 그 구현은 수행(修行)의 길이다.

물질은 진리로 통하는 현상의 문(門)이다. 마찬가지로 우리의 정신은 본성(本性)으로 돌아가는 의식의 통로다.

현상과 의식 속에는 경험적으로 표현할 수 있는 물질세계와, 인식작용을 떠난 불입문자(不入文字)의 정신세계가 공존하고 있다. 과학적으로 설명하자면, 나비 효과(butterfly effect)를 예로 들 수 있다. 나비의 작은 날갯짓은 현상세계에서 아주 미미한 변화에 불구하지만, 그것은 나중에 상상할 수 없는 엄청난 결과나 파장으로 확대될 수도 있다. 나비의 날갯짓이 일으킨 파동이 증폭되는 과정에는 물질과 정신의 에너지가 결합되어 있다.

경제구조가 폐쇄적인 산업시스템에서 열린 산업체계로 진행될수록, 물질과 정신의 융합이 중요해진다. 그러나 물질 중심의 문화에서 물질과 정신의 융합문화로 전환하는 일은 쉬운 일이 아니다. 현재 AI 시대로 가는 길목에서 벌어지는 각종 갈등과 분쟁도 나비효과와 같은 과정을 겪을 수밖에 없다.

중요한 것은 물질적 대립을 화해시키는 데는 정신문화가 중요하다는 사실이다.

우리 사회의 갈등과 대립도, 본질적으로 보면, 물질적 가치의 대립을 조율하는 중도적 정신문화가 부족하기 때문에 일어난 현상이다. 따라서 물질과 관념에 매몰되어 있는 사회를 소통시키는 계기가 무엇보다 필요한 시점이다. 그 계기를 마련하는 원동력은 윤리도덕과 양심의 회복이다.

물론 물질 중심의 사업에서도 윤리도덕은 중요한 요소다.

기업문화가 발달한 서양에서 기업윤리를 강조하는 것은 이와 무관하지 않다. 실제로 100년 이상 장수하는 기업들에서, 상당히 높은 수준의 경영철학을 엿볼 수 있다. 반면에 경영문화의 수준이 낮은 기업일수록, 성공이 빠른 만큼 몰락도 빠른 편이다. 극단으로 치닫기 쉬운 물질을 균형 잡는 것은 정신이다.

도덕적인 삶은 가장 경제적인 삶이다. 윤리도덕과 실용주의가 절묘하게 만나는 지점에, AI시대의 핵심가치인 수행문화와 인간교육이 있다.

국호로 대한민국을 쓰고 있는 우리나라가 AI시대에 살아남고 번영하기 위해서는, 정신문화를 꽃피우는 길밖에 없다. 대(大)라는 글자는 본래 진리나 진리를 증득한 존재 등에 붙이는 칭호다. 따라서 우리가 대한민국이란 이름에 걸맞은 도덕과 문화를 선양할 때, 우리나라는 세계의 중심국가가 될 수 있다.

고조선이 한때 세상의 중심을 이루었던 것은 수행정신문화가 융성했기 때문이다. 조선은 고조선의 영광을 잇기 위해 국호를 그대로 가져왔지만, 결국 패망하고 말았다. 여기에는 여러 가지 원인이 있지만, 가장 근본적인 원인은 고조선의 정신문화를 계승하지 못한 데 있다. 사회 지도층이 바른 도덕에 근거한 정신문화를 상실하면, 사회는 급속도로 몰락하기 마련이다.

사회의 갈등과 대립을 화합으로 유도하는 바른 길은 보편적 윤리도덕을 세우는 일이다.

그러나 공자나 노자를 아무리 배우고 연구해도, 우리는 공자나 노자가 될 수는 없다. 핵심은 성인들의 정신으로 보편성을 추구하고, 동시에 자신의 상황에 맞게 정체성을 구현하는 일이다. 보편타당한 진리의 정신을 사회현실에 맞게 실천하는 수행문화 속에 대화합의 열쇠가 있다.

대화합의 길은 삶의 양극적 모순을 통섭하는 수행문화정신의 실질적 함양에 있다.

생명순환의 원리와 수행

제3부. 생명순환의 원리와 수행

제3부는 잠시 운영된 반야연구소에서 제출한 수행에 관련한 2편의 연구보고서 중 하나에 실린 일부 내용을 알기 쉽게 정리한 것이다. 구체적인 수행법에 관한 것은 다른 책에서 다루고자 한다. 여기서는 주로 인체와 자연의 변화 원리를 통해 수행의 이치를 알리는 데 중점이 있다.

우리의 몸은 자연의 일부이기 때문에, 인체의 생명현상은 자연의 변화원리와 다르지 않다. 아직까지 서양과학에서는 제대로 다루지 못한 수행의 근간이 되는 동양의 근본정신을 탐구해보겠다.

불교를 통해서 생명현상 이전으로 돌아가는 근원적 통찰을 배울 수 있고, 유교와 도교를 통해서는 생명의 작용원리를 배울 수 있다. 유불도(儒佛道)는 공통적으로 중도(中道)라는 기본 사유체계를 가지고 있다.

중도는 현상의 양극성을 조화시키는 작용원리이면서, 동시에 현상과 본질을 연결하는 수행의 원리이자 방법이기도 하다. 현상과 본질을 하나로 회통한다는 점에서, 중도는 진리 자체이기도 하다.

생명현상에서 중도는 중화(中和)의 작용으로 나타난다. 인체에서 중화작용은 오행(五行)에서 토(土)에 해당하는 위와 장의 기능 여부에 달려있다. 인체의 조절기능을 담당하는 세로토닌이 위장에서 생성되는 점을 보면, 위장은 제2의 뇌라고 할 수 있다. 뇌의 기능은 결국 위장을 어떻게 관리하느냐에 달려있다.

한편 위장의 관리는 평소의 생활습관과 태도에 달려있다. 삶을 전체적으로 통찰하면, 결국 어떻게 사느냐가 위장의 기능을 좌우한다고 할 수 있다. 이 점에서, 삶의 양극적 모순 속에서 심신의 안정을 찾는 수행은 건강과 행복을 지키는 비결이라고 할 수 있다.

01. 생(生)과 사(死)의 순환

일체의 생명은 생로병사(生老病死)에서 벗어날 수 없다.

생명은 언제나 변화하고, 우주도 항상 변화하는데, 이것은 우주의 절대법칙이다. 생명현상에 관한 많은 연구가 있지만, 아직 그 실체를 과학적으로 완벽히 분석해내지는 못하고 있다. 다만 공자, 노자, 석가, 예수 등의 성인(聖人)의 말씀을 종합하면, 생명의 본체는 영원불변의 도(道), 즉 진리와 한 몸을 이루고 있다는 사실을 알 수 있다.

여기서는 석가의 생사관을 위주로 살펴보겠다.

첨단 과학이 발전할수록 정신과 물질의 하나로 연결되어 있음이 밝혀지고 있다. 심물일원(心物一元)인 본체는 태어나지도 죽지도 않는다. 생사의 변화를 가장 정밀하게 분석한 사람은 석가다. 그에 따르면, 인간의 몸은 사대(四大), 즉 지수화풍(地水火風)으로 구성되어 있다. 각 요소는 특정한 물체를 지칭하는 것이 아니라, 일정한 성질을 상징한다.

지대(地大)는 견고성, 응고성을 의미하고, 수대(水大)는 축축한 액체성을, 화대(火大)는 차고 따뜻한 온도성을, 풍대(風大)는 운동, 행동, 운행을 나타낸다. 인간의 사망은 사대의 변화를 통해 알 수 있다. 우리 몸의 사대는 독립적인 자기 성질이 없다. 마찬가지로 심장, 간장, 비장, 폐장, 신장도 비록 작용은 다르지만 독립적으로 존재하지 않고, 신체 속에서 유기적으로 기능하다가, 그 존재형식과 작용이 변한다. 일체의 물질현상과 정신현상 작용은 모두 본체의 작용으로, 모든 것은 변화작용을 마치면 공(空)으로 되돌아간다.

사람이 죽으려 할 때는 신체가 무엇에 꽉 눌린 듯 움직일 수 없다. 지대(地大)가 붕괴되면서 느끼는 현상이다. 근골계에 장애가 발생하기 시작하면, 감각은 몽롱해진다. 수대(水大)가 분산할 때는 의식도 희미해지게 된다. 마치 꿈의 경계에 들어가 물속에 빠진 듯 몽롱하다. 신체내부가 빠르게 썩으면서 일어나는 작용으로, 마치 물소리가 나는 것 같은 변화를 느끼게 된다. 수대가 흩어지기 시작하면, 식은땀이 나고, 항문이 열리며 마지막 대변이 나온다. 이어 최후의 성적 호르몬의 배출과 동시에 성적 쾌감을 아주 잠깐 동안 느끼게 된다.

사망 과정이 지대(地大)를 지나 수대(水大)의 변화에 이를 때, 제6식인 의식은 서서히 흐트러지고 혼미해진다.

그럼에도 불구하고 제7식, 즉 의근(意根)은 뜻대로 움직이고, 자기가 죽는다는 것을 안다. 따라서 의식이 조금이라도 있을 때 진리를

향하는 강한 의지가 있다면, 이 생명을 뛰어넘어 다음 생명은 달라
진다.

죽는 순간은 매우 중요하다.

이때 죽은 사람을 앞에 두고 지나치게 슬퍼하는 것은 좋지 않다. 대
신에 진리를 증득한 성인(聖人)의 말씀이나 명호를 함께 힘차게 부
르는 것이 옳다. 첨단물리학에서 밝혀졌듯이, 이것은 공명과 공조의
효과를 볼 수 있기 때문이다. 진리의 말씀이나 성인의 명호는 진리
의 세계로 안내하는 파장을 낸다. 물론 평소에 충분한 훈련을 한 사
람만이 효과를 볼 수 있다.

풍대(風大)가 분산되면, 기(氣)는 곧 사라진다.

풍대가 흩어질 때는 기가 목구멍 부분에 이르고 혼미하다. 그 경계
에서 강한 바람을 맞듯 추위를 느끼면서, 최후에는 기가 소멸한다.
풍대는 기의 작용으로, 생명은 근본적으로 기에 의지한다. 기는 호
흡과 직결된 작용이다.

최후에 한 호흡을 마치면, 기가 멈추게 된다. 이것은 풍대가 작용을
멈춘 것이다. 기가 빠지면, 몸이 가볍지 않다. 건강할 때 신체활동이
활발한 것은 기의 작용 때문이다. 노화가 진행될수록 몸이 무겁고,
심지어 경직되는 것은 기가 극도로 약화되기 때문이다. 수대(水大)

를 조절하는 화대(火大), 즉 불의 힘이 충분하지 않으면 병이 생기게 된다.

풍대의 분산과 동시에 화대(火大)의 분산이 이어진다.

체온은 풍대의 분산을 따라서 점점 상실되면서 신체도 점점 식어간다. 마지막 기가 흩어져버린 후에는 화대(火大)도 사라진다. 그때 의근도 완전히 분리된다. 그래서 사람은 죽으면 완전히 혼미 상태에 들어가 의식이 없게 된다. 사망 후 10여 시간 후부터 육신은 서서히 썩기 시작한다.

시신의 처리 문제에 있어서, 석가는 화장(火葬)을 제창했다. "한 번의 화장으로 삼세의 업을 태워버릴 수 있다(一火能燒三世業)."

업에는 선업(善業), 악업(惡業), 그리고 자신도 모르고 짓는 무기업(無記業)이 있다. 화장은 신체에 얽힌 업만을 처리한 것이고, 유심(唯心)의 측면은 없앨 수 없다. 유심의 도리에 따르면, 모든 의식의 근원인 아뢰야식에 업의 종자(種子)가 모두 머물러 있다가, 때가 되면 응보로 나타나기 때문이다. 신구의(身口意)로 짓는 일체의 업은 모두 아뢰야식에 기록되어 종자로 변하고, 그 인연이 화합할 때 현행(現行)의 과보로 변한다.

우리가 죽기 전에 죽음을 경험할 수 있는 것은 잠이다.

우리는 잠들고 깨어나는 것을 인식하지 못하고 있다. 잠들고 깨어남과 태어남과 죽음은 양상은 다르지만 사실 같다. 깨어있음은 살아있음이고, 잠듦은 죽음이다. 더 엄격히 말하면 생각 생각이 모두 태어나고 죽고 하는 반복과정 중에 있다. 현재의 한 생각이 바로 한 생사라고 할 수 있다.

우리의 생명은 완전히 우리 자신의 인연성숙과 업보, 즉 생활습관에 달려있다.

평소 우리의 심리행위 일체가 생명의 동력을 이룬다. 이것을 업력(業力)이라고 한다. 지은 업은 없어지지 않고 영원히 존재한다. 자신의 건강과 운명을 알고 싶으면, 현재 자신의 생활습관을 보면 알 수 있다. 다른 사람에게 물어볼 필요가 없다.

아무리 오랜 시간이 지나더라도 지은 업은 없어지지 않는다. 인연이 모여 만날 때, 자신이 지은 업은 과보가 되어 자기 스스로 받는다.

일체의 인연종자가 업력에 의해 평등하게 흘러 퍼져나가면서, 인연과 화합한다. 우리는 심신이 이루는 삶이 고정되어있는 것 같은 착각 속에 살지만, 사실 몸과 마음과 삶은 끊임없이 살아 움직이고 있다. 그러나 그 움직임은 매우 거칠다.

바로 이 '거친 흐름(行)'을 닦는 것이 수행이다.

우리가 수행을 해야 하는 이유는 여기에 있다. 수행을 통해 고요한 상태에 이르면, 만물을 있는 그대로 볼 수 있는 지혜의 눈이 열리기 때문이다.

생명의 근원 동력을 행음(行陰)이라고 하며, 이 속에는 물질과 정신이 하나로 결합되어 있다. 마치 양자역학에서 밝힌 사실처럼, 입자와 파동이 함께 있는 상태와 유사하다. 입자는 물질의 기초가 되고, 파동은 정보, 즉 의식의 파장이라고 할 수 있다.

심물일원(心物一元)의 상태에 있는 행음이 근본동력이다. 마음과 물질이 함께 움직이는 행음을 근본자리로 전화시키기 위해서는, 끊임없는 성찰과 수양을 해야 한다. 따라서 어떤 것에도 집착하고 머물러서는 안 된다.

인연의 종자가 퍼져나가는 연기법은 누구에게나 평등하지만, 사람마다 적용되는 인과의 상황은 다르다. 개인의 시절인연과 근기(根器)가 다르기 때문이다. 따라서 사람마다 업의 과보가 다르다. 개별 생명은 고정된 것이 하나도 없고, 단지 유동적인 현상만이 있을 뿐이다.

생명의 탄생은 남녀의 정(精)과 영혼의 만남을 통해 이루어진다. 여기서 정은, 앞서 밝혔듯이, 모든 세포를 포함한 것이다. 따라서 사실상 몸 전체가 정이라고 할 수 있다. 정자와 난자가 결합할 때, 개별

영혼이 업력의 강력한 흡인력에 휩싸이면서 빨려 들어가 수정란과
하나가 된다. 이렇게 마음과 물질이 혼합한 것을 명색(名色)이라고
한다. 명(名)은 의식이고, 색(色)은 정자와 난자가 형성하는 사대(四
大)가 된다.

십이연기에 따르면, "명색을 조건으로 육입이 생겨나는데(名色緣六
入)," 육경(六境)인 색성향미촉법(色聲香味觸法)이 육근(六根)인 안
이비설신의(眼耳鼻舌身意)로 들어오는 과정을 육입(六入)이라고 한
다. 물질과 정신의 요인들이 심신을 뚫고 들어오면, 접촉이 있기 때
문에 육입이라고 한다.

정신을 이루는 영혼이 모태에 들어갈 때, 홀연히 일으키는 한 생각
이 일어나는데, 그 생각은 성적인 욕념이다. 앞서 임종할 때 최후
의 쾌락을 느낀다고 했는데, 이것은 새로운 생명으로 넘어가는 동
력이라고 할 수 있다. 이 욕념이 여자 쪽을 좋아하면 남성성을 이루
고, 남자 쪽을 좋아하면 여성성을 지닌다고 한다. 그래서 프로이드
(Freud)가 지적했듯이, 남녀의 원초적 성적 욕망이 다른 이유가 여
기에 있다.

생명이 태(胎)에 들어갈 때, 정각(正覺)을 깨달은 자가 아니라면 전
생의 일을 다 잊어버린다. 그리스 신화에서는 이것을 망각의 여신인
레테(Lethe)의 강을 건너간다고 비유하고 있다. 불교수행의 차원에
서 얘기하면, 태에 들어갈 때, 태에 머무를 때, 그리고 태에서 나올

때 모든 경우에서 미혹되지 않은 상태에 이를 때, 생사의 윤회에서 자유로울 수 있다.

모든 중생은 예외 없이 인연에 의해 생긴다.

개인의 업보와 인연에 따라 끝없이 새롭게 변화한다. 같은 부모가 낳은 자식이라도 각자 개성과 건강상태가 다르다. 이것은, 앞서 의학적 통계에서 보았듯이, 유전적 요소가 작은 부분을 차지하고 나머지는 환경, 생활습관 등에서 차이가 생기기 때문이다. 각자 자기가 지니고 온 전생의 종성(種性)과 인연 화합한 현생의 기질, 습관 등이 개성과 건강을 좌우하게 된다.

02. 음양오행의 변화원리

동양은 고대로부터 우주의 변화에서 자연의 변화원리를 찾았다.

이러한 이치로 천문과 인문과 의학을 하나의 도리로 보았다. 여기서는 주로 유교와 도교의 모태가 되는 역(易)의 변화원리와 동양의학의 관점에서, 음양오행(陰陽五行)과 건강의 관계를 살펴보겠다.

동양은 우주의 근본을 천지(天地)라고 보았다.

천지는 우주를 대표한다. 하늘을 상징하는 괘는 건(乾)이고, 땅을 상징하는 괘는 곤(坤)이다. 최초에 우주는 건곤, 즉 천지의 작용에 의해 생성되고, 이어서 지구와 일월이 창조되었다. 지구상에서 실질적인 생명활동은 건곤의 대행자인 감리(坎離), 즉 일월이 대행하게 되었다. 일(日)은 화(火)의 성질인 리(離), 월(月)은 수(水)의 성질인 감(坎)을 대변한다. 인간의 생명과 정신은 감리정신(坎離精神)을 받아서 이루어졌다.

우주와 자연의 변화원리는 《역경》속에 잘 표현되어 있다. 역(易) 자는 위로 일(日), 아래는 월(月)이 합성된 형태를 이루고 있다. 글자만 봐도, 역(易)이 일월이 운행하는 대법칙을 서술한 것임을 알 수 있다.

자연의 변화 원리는 한마디로 음양과 오행의 변화원리라고 할 수 있다. 앞서 설명했듯이, 《역경》을 새롭게 정리한 공자는 《계사전》에서 변화의 대법칙을 음양이 서로 번갈아 순환하는 것을 도(道)의 이치라고 했다. 여기서 도(道)란 작용의 법칙을 말한다. 모든 현상은 일음일양(一陰一陽)의 작용을 반복하고 있다. 음양의 변화가 일어나면, 곧바로 선악과 시비가 생겨 새로운 상황으로 전환한다.

최초에는 텅 빈 하나의 태극(太極)이지만, 일단 움직임이 시작하면 양의(兩儀), 즉 음양(陰陽)이 생긴다. 음양이 생기면, 다시 사상(四象), 즉 노음(老陰), 소음(少陰), 노양(老陽), 소양(少陽)이 생긴다. 사상에서 다시 팔괘(八卦)가 생기고, 팔괘의 다양한 결합으로 무한한 현상이 일어난다.

팔괘의 현상에는 좋고 나쁜 두 가지 현상만 있을 뿐이다.

길흉(吉凶)을 떠난 청정무구한 것은 다시 태극으로 돌아가 적연부동(寂然不動)한 상태를 이룬다. 만물의 조화는 음양이 균형을 이룰 때 가능하다. 하지만 음양의 균형과 합일에는 반드시 인고의 시간이 필요하다.

자연은 음양이 하나로 통일되어 있는 태극에서, 음양의 분합작용을 통해 오행인 목화토금수(木火土金水)를 형성하면서 생성된 세계다. 오행이란 무형과 유형의 양면성을 띈 오행의 기운이 모이고 흩어지면서, 순환하는 것을 상징한다. 그런데 문제는 오행의 행로가 평탄하지 않다는 데 있다. 본래 오행과 역(易)은 서로 상관이 없다. 하지만 오행의 특성을 이해하면, 자연의 변화원리를 이해하기 쉽다.

오행의 행(行)은 운동이나 기능을 의미한다.

따라서 오행은 다섯 종류의 기운이나 작용을 상징한다. 이러한 작용과 유사한 성질을 지닌 물질로 그 기운이 확산되고 투영되고 있다. 목(木)은 생장과 발육의 생명작용, 화(火)는 열에너지, 토(土)는 대지의 본래특성인 중화작용, 금(金)은 견고하고 응고된 상태, 그리고 수(水)는 유동성이나 끊임없이 두루 흐르는 작용을 상징한다.

오행 각각의 성질을 보다 구체적으로 알 필요가 있다.

먼저 목(木)은 분발하는 생명의 기운이나 의기(意氣)를 상징한다. 목의 계절은 봄이고, 방위는 동쪽이다. 목(木)의 작용인 목기(木氣)는 음기(陰氣)의 세력과 형태를 뚫고 나오는 힘을 지니고 있다. 마치 용수철처럼 압박이 클수록 강한 반발력을 일으킨다는 점에서, 봄과 스프링(spring)은 공통적 특성이 있다.

모든 생명은 수(水)로부터 나온 것이다. 목(木)은 수(水)의 형질변화의 모습을 이루고 있다. 이렇게 보면, 목은 수기(水氣)의 1단계 전환이다.

화(火)는 분산(分散)하는 기운이다. 화의 계절은 여름이고, 방위는 남쪽이다. 화는 수(水)에서 시작된 생명의 기운이 목(木)을 거쳐 이루어지는 변화작용이므로, 수기(水氣)의 2단계 전환이다.

여름에는 만물이 분열하고 무성하게 자라는 특성을 보인다. 그러나 겉은 장대하고 수려해 보이지만, 안으로는 공허해지는 때다. 나고 자라는 생장(生長)의 동력이 꺼지면, 노쇠의 바탕이 시작되는 때가 온다.

토(土)는 수기(水氣) 전환의 3단계 변화작용이다.

토의 시기는 여름에서 가을로 접어드는 시점인 음력 6월인 미(未)월이고, 방위는 중앙이다. 토는 생장을 멈추고 결실을 이루는 과정에서, 금(金)과 화(火)의 기운이 충돌하는 것을 막고 중화하는 작용을 한다. 지구 자체가 토의 성질을 지니고 있으므로, 사계절에는 토가 각각 중재 작용을 한다.

금(金)은 수기(水氣) 전환의 4단계 변화작용이다.

금의 계절은 가을이고, 방위는 서쪽을 상징한다. 목(木)이 내면의 양(陽)을 표면으로 분산하는 발전의 첫 단계라면, 금(金)은 외면의 양을 다시 내면으로 거두어들여 내부에 품는 수장(收藏)의 첫 단계다. 만물은 봄에 부드러운 형태를 띠며 양기를 발산하지만, 가을이 되면 점점 경화(硬化)되어 양기를 감쌀 준비를 한다. 이러한 현상은 양(陽)을 감싸고 반대로 양을 발산하는 천도(天道)의 작용이 반복되기 때문에 일어난다. 금기(金氣)는 양(陽)을 감싸기 위해 표면을 견고히 하는 작용을 한다.

수(水)는 만물을 수장하고, 새로운 생명에 필요한 기운을 응축하는 작용을 한다. 수에서 시작된 생명이 수로 되돌아가면, 생명 전환의 5단계 변화작용을 완성한다. 그리고 생명은 다시 순환을 반복한다.

수의 계절은 겨울이며, 방위는 북쪽이다. 이때 양(陽)의 기운은 완전히 잠복되어, 생명의 근원으로 되돌아간다. 수기(水氣)는 생명의 전환에서 두 가지 작용을 한다. 한편에서는 양기(陽氣)를 분산하여 생명의 형체를 만들고, 다른 한편에서는 양기를 수장하여 생명의 정신을 만든다.

현상의 세계에서 생명의 본체는 수(水)라고 할 수 있다. 수(水)는 형태를 응고시키는 성질, 스스로 변화에 따르는 자율적 특성, 그리고 모든 것을 중화하는 본성을 동시에 갖고 있다. 응고작용으로 양기를 하나로 융합해서 생명의 정(精)을 만들고, 자율작용으로 변화를 일으키고, 중화작용으로 상이한 기운의 대립과 충돌을 조화시킨다.

한편 오행은 상생(相生)하며 상극(相剋)한다.

모든 사물에는 예외 없이 이 두 개의 상반된 기운이 양극성을 이루고 있다. 상대적인 모든 것은 서로 상생과 상극의 양면성을 지니고 있다. 이런 이치로 음양, 작용과 반작용, 강유(剛柔) 등이 서로 공존하게 된다. 양면적인 관계는 서로 균형과 조율을 통해 만물의 변화를 이끈다. 이러한 이치는 인간의 삶에도 그대로 적용되어, 행복과 불행은 서로 짝을 이루고 있다.

오행은 모두 생극(生剋)의 관계가 있기 때문에, 한 행(行)은 나머지 네 행의 변화와 관계를 맺게 된다. 변화의 동력은 물질이 아닌 물질을 가능하게 한 기운에 있다. 이런 이치로 한의학은 물질이 아니라, 기화(氣化)에 중점을 두고 있다. 오행의 변화과정은 양(陽)의 과정인 목(木), 화(火)에서 분산하고, 음(陰)의 과정인 금(金), 수(水)에서는 통합한다. 토(土)는 가운데서 음양을 중재한다.

생명활동의 기본토대는 수화(水火), 즉 감리작용(坎離作用)이고, 그 가운데서 중재하는 것은 토(土)다.

03. 자연의 변화주기와 인체의 기운조절

동양은 달의 기운 변화를 기준으로 삼는 음력과, 24절기의 변화에 따른 태양력을 동시에 사용했다.

1년을 음양으로 보면 음력 11월은 자(子)월이다. 이 달 동지(冬至)에 일양(一陽)이 처음 나온다. 12월은 축(丑)월이다. 이때가 되면 양(陽)의 기운이 한 단계 더 상승하고, 절기상으로는 소한과 대한이 있다. 정월은 인(寅)월이다. 절기상으로는 입춘과 우수가 있다. 2월은 묘(卯)월이다. 절기상으로는 경칩과 춘분이 있다. 3월은 진(辰)월이다. 절기상으로는 청명과 곡우가 있다. 청명에 기후가 가장 쾌적하다. 4월은 사(巳)월이다. 양(陽)이 극에 달한 순양(純陽)의 달이다.

5월은 오(午)월이다. 양(陽)이 기운을 잃기 시작하면서, 일음(一陰)이 새롭게 나온다. 하지(夏至)에 일음(一陰)이 생긴 이후 계속해서 대지는 태양의 양기(陽氣)를 내부로 흡수하고, 동지(冬至) 이후에는 양(陽)을 외부로 방출하기 시작한다. 이러한 음양의 순환원리는 인체도 마찬가지로 적용되고 있다. 여름에는 양기가 바깥으로 방사되기 때문에, 겉은 뜨겁고 속은 차다. 그러나 오히려 겨울엔 겉은 차지만, 속은 뜨겁다. 인체 내부에도 일양(一陽)과 일음(一陰)이 순환하기 때문이다.

6월은 미(未)월이다. 절기상으로는 소서와 대서가 있다. 소위 삼복(三伏)의 시기다. '숨을 복(伏)'이란 글자에는 양기가 서서히 물러서 숨는다는 뜻이 담겨있다. 여름에는 후덥지근하게 느껴지는 것은 몸속의 양기(陽氣)가 바깥으로 방출되면서, 몸속이 차가워지기 때문이다. 겨울철보다 여름철에 소화력은 떨어지는 것은 이러한 현상 때문이다.

6월부터 음(陰)이 증가하시 시작한다. 12지지의 마지막인 해(亥)월, 즉 10월이 되면, 음(陰)이 극에 달한 순음(純陰)이 된다. 극즉필반(極即必反)의 원리가 작동하기 때문에, 음이 극에 달하면 양이 생긴다. 겨울에 삼한사온(三寒四溫)의 현상이 일어나는 것은 자연 변화의 법칙이다.

하루도 반은 양(陽)이고, 반은 음(陰)이다.

우리는 동경시를 시간의 기준으로 삼기 때문에, 실제 하루의 시간은 표준시보다 30분 늦다. 이렇게 보면, 자시(子時)부터 사시(巳時), 즉 밤 11시 30분부터 다음 날 오전 11시 30분 무렵까지가 양(陽)의 기운이 있다. 오시(午時)를 기준으로 음양의 전환이 이루어진다. 오시

에서 해시(亥時), 즉, 오전 11시 30분부터 밤 11시 30분 무렵까지는
음(陰)의 기운이 있다.

자연의 변화에 따라 심신의 기운을 관리하는 것은 건강에 매우 중요
하다. 특히 음양이 크게 반전되는 시점을 잘 관리하는 것이 요점이
다.

그 핵심은 자시(子時)와 오시(午時)다.

생명을 건강하게 유지하려면 이 두 가지 상반된 기운을 알고 활용해
야 한다. 자시에는 일양(一陽)이 다시 회복되고 새로운 생기를 부여
하기 때문에, 자시를 활자시(活子時)라고 부른다. 이 현상을 '일양래
복(一陽來復)'이라고 한다. 이때는 잠시라도 휴식을 취하는 것이 건
강에 이롭다. 이때 자신의 상황에 맞는 수행을 하면 좋다. 11시 30분
전에는 잠자리에 들어서 자시에는 깊은 잠에 들어간 상태가 건강에
좋다.

아침형 인간이라면, 인시(寅時), 즉 오전 3시 30분에 일어나서 활동
을 시작하면, 양기의 기운을 많이 받을 수 있다. 특별한 일로 인해서
밤을 샐 경우에는 인시를 지나서 묘시(卯時)가 시작할 때부터, 즉 오
전 5시 30분 이후에 잠을 자는 것이 좋다. 이런 경우에 오시(午時)를
지나서, 즉 오후 1시 30분 이후에 일어나는 것이 좋다. 왜냐하면 일
음이 회복되는 오시가 활오시(活午時)이기 때문이다. 이때 휴식이나

잠을 자야, 양(陽)을 보호하고 일음(一陰)을 회복할 수 있다.

자시와 오시에 활(活) 자를 붙이는 이유는 음양의 전환을 이루는 때이기 때문이다.

이러한 기운의 변화는 임종에 직면해서도 나타난다. 특별한 사고가 아니라면, 사람은 죽음에 임박해서 바로 죽는 것이 아니라, 일이십 분 정도 정신이 밝아졌다가 의식이 사라진다. 이러한 현상을 회광반조(回光返照)라 한다. 이것은 생명의 원초적 기운인 일양(一陽)이 다시 살아난 현상이다.

일양이 회복될 때, 이 기운을 장악할 수 있다면 죽음의 관문을 넘어설 수 있다. 그렇게 할 수 있다면, 다시 새로운 생명이 시작된다. 오히려 죽음은 정신이 왕성할 때 갑자기 찾아올 수 있다. 평소 건강을 자신하는 사람이 어느 날 갑자기 죽는 것은 이러한 이치 때문이다.

회광반조의 현상인 활자시는 언제든 가능하다.

한편 활자시와 활오시는 조수가 잠시 멈추는 때와 유사하다. 밀물과 썰물이 전환되는 시점은 음양의 기운이 반전되는 때와 같다. 이때 조수의 활동이 가라앉듯이, 우리의 신체도 깊은 고요 속에 들어갈 수 있는 기회가 온다. 따라서 일양(一陽)이 생기는 자시(子時)와 일음(一陰)이 생기는 오시(午時)에는 가능한 활동을 멈추고 심신을 쉬는 것이 좋다.

생명의 작용이 고요히 침잠해서 움직이지 않을 때는 정중동(靜中動)의 상태다. 지극히 고요하지만, 사실은 엄청난 변화의 시작이다. 고요함은 큰 활동을 위한 준비다. 고요한 상태를 유지할 수 있어야, 생명의 기운을 다시 회복할 수 있다. 이때를 놓치면, 새로운 전환을 기대하기 힘들다. 이 상태가 일양과 일음이 막 움직이려는 때이기 때문이다.

고요함은 생명의 근원이다.

우리가 수행을 통해 '아무 것도 없는 본래 상태(本來無一物)'의 지극히 고요한 경지에 들어가려는 것은 이 상태가 생명의 근원으로 들어가는 문이기 때문이다. 이런 이치로 활자시와 활오시에는 수행을 하거나, 취침 또는 휴식을 취하는 것이 좋다. 이때 음양이 서로 만나서 중화되기 때문이다. 음양 교류의 법칙은 자연의 이치로서 생명이 다시 태어나는 이치다.

정좌수행 시에도 마음이 가라앉아 고요해지면, 일양(一陽)이 나타난다.

양은 생장하는 기운이고, 음은 거두어 간직 하는 기운이다. 고요함인 음이 극에 이르면 양이 생기는데, 반드시 그것을 거두어 간직해야 한다. 그러나 양기가 발동하면, 대개는 애욕에 쏠리게 된다. 그렇게 되면, 생명 에너지는 다시 소모된다. 그러므로 생명의 에너지가 되돌아올 때, 정신을 바짝 차리고 그 기운을 장악하면 자신의 생명력을 한층 키울 수 있다.

수도(修道)가 음도 아니고 양도 아닌 상태에 이르면, 한 생각도 일어나지 않는 무념의 상태가 된다. 심신이 무위(無爲)에 이르도록 수련을 하면, 마침내 도의 본체에 다다르게 된다. 이 본체는 어떤 특별한 존재가 아니라, 그저 '적연부동(寂然不動)'의 상태에 있다. 만물의 발생 이전의 공(空)의 상태지만, '감이수통(感而遂通)'으로 언제든 전환될 수 있는 실상(實相)을 담고 있다.

말하자면, 완전히 죽어있는 상태가 아니라, 감응이 있으면 언제든 통하는 열린 세계다. 개별적 의식이 우주의 의식과 통함으로써, 비로소 우주의 만법을 이룰 수 있다. 수도는 음양의 교감을 통해야 완성할 수 있다.

04. 육체와 정신의 작용 원리

앞서 언급했듯이, 한의학의 시발점이라고 할 수 있는 《황제내경》은 《역경》에서 비롯되었다. 오행의 상생상극(相生相剋)은 대립과 조화의 과정을 거쳐 발전과 통일을 이루는 자연의 섭리라고 할 수 있다. 인간은 자연의 일부이므로, 신체 변화의 원리 역시 우주의 법칙과 동일하다.

역(易)의 관점에서 보면, 지구의 모든 생명은 하나의 유기체로서 동일한 생명의 법칙이 적용된다.

생명의 관점에서 천도(天道)의 작용으로 보면, 오행의 금수(金水)는 생명의 에너지를 수렴하는 길이다. 따라서 이 과정은 죽음의 단계가 아니라 새로운 생명을 살리는 단계라고 할 수 있다. 반면에 목화(木火)는 양기(陽氣)를 발산하는 단계다. 그러므로 생명이 활짝 꽃을 피우는 시기는 역으로 생지(生地)가 아니라, 사지(死地)라고 볼 수 있다. 생사가 하나로 연결되어 있음을 알 수 있다.

죽어야 사는 이치가 여기에 있다.

《황제내경》은 오행의 이치를 인체의 장부에 적용하고 있다. 목(木)은 간(肝), 화(火)는 심(心), 토(土)는 비(脾), 금(金)은 폐(肺), 그리고 수(水)는 신(腎)으로 보고 있다. 《황제내경》은 역(易)의 이치로부터 알 수 있는 자연의 변화 원리를 인간 장부의 작용 원리에 적용했다.

수행을 제대로 하려면, 한의학의 이치를 알고 양생의 도를 이해해야 한다.

수행에는 특히 위와 장이 중요하다. 왜냐하면 위장에서 인체의 신경 작용을 균형 잡는 세로토닌이 생성되기 때문이다. 또한 신장을 보호해야 한다. 왜냐하면 수행을 망치는 가장 큰 요인은 지나친 욕망과 욕정에 있기 때문이다.

한의학적 관점에서 보면, 인간의 생명 활동의 근본은 정기신(精氣神)의 작용이다.

땅의 음기(陰氣)는 정(精)을 낳고, 하늘의 양기(陽氣)는 신(神)을 낳는다. 정과 신 사이에 가교역할을 하는 것이 기(氣)다. 정은 생명의 영양분에, 기는 영양분이 기화하면서 발산하는 생명의 입자에너지에, 신은 기의 입자에너지가 정신으로 전환되는 파동에 비유될 수 있다.

신(神)의 주요 작용은 두뇌 부분에서, 기(氣)의 주요 작용은 가슴과 위 부분에서, 그리고 정(精)의 주요 작용은 신장과 아랫배 이하의 고환과 생식기 부위에서 일어난다. 현대의학의 측면에서 보면, 정의 작용은 내분비 계통과도 밀접한 관계가 있다. 수행은 생명의 기초인 정을 닦고, 생명의 기운인 기를 상승시켜, 최종적으로 신을 완성하는 과정이다.

신체 하부의 정에서 상부의 신으로 지향하는 과정에서, 인체의 기를 상승함으로써 신으로 승화하는 것을 정기신(精氣神) 운행이라고 한다. 반대로 두뇌의 신이 폐기(肺氣)를 통해 하강함으로써 하부의 정을 만드는 것을 기정형(氣精形) 운행이라고 한다. 심신의 상호작용 측면에서 정기신의 관계를 보면,《황제내경》은 전자의 과정을 설명하고,《역경》은 후자의 과정을 말하고 있다.

《황제내경》은 생명의 제일 기본적인 요소가 정(精)이라고 보고, 정의 단련을 양생의 핵심으로 파악했다. "정을 돌이켜 뇌를 보충한다(還精補腦)."는 견해는 도교의 단법(丹法)에서 특히 중요하다. 이 수련법에 불노장생의 핵심이 있다고 보았다. 정이 충만한 상태에서 마음에 일체의 욕구가 일지 않으면, 기혈의 순환이 들끓지 않고 고요하게 이루어진다. 이 경지에 이르면 생명의 기운이 막힘없이 스스로 보충되게 된다. 여기서 한발 더 나아가 존재의 근원을 추구한다면,

석가가 설한 십이연기를 거슬러 올라가 무명의 근원을 소멸해야 가능하다.

정기신의 각 단계를 철저하게 밟아나가는 과정이 수행에 중요하다. 정(精)의 단련으로 인체 내의 생리적 안정을 찾고, 기(氣)를 닦아 의지와 결단력을 충만하게 기르고, 정(定)을 닦아 지혜의 신(神)을 함양한다.

핵심은 앞에서 강조한 고요함으로부터 정기신이 하나로 융합한다는 사실이다.

불교는 마음을 닦아 본성을 찾는 것을 중시한다. 불교수행의 출발점은 바른 사유를 통해 마음의 중심자리를 바꾸는 데 있다. 반면에 도교는 정(精)과 기(氣)의 수련을 통해 신(神)을 찾는 데 중점이 있다.

그러나 궁극에 이르면 모두 본래무일물(本來無一物)의 태허(太虛)와 공(空)의 세계를 지향한다. 수행의 성과는 감각에서 나타나기 시작한다. 점차 감각과 지각이 동시에 열리면서, 나중에는 이 둘이 혼연일체를 이루는 경지에 이르게 된다.

05. 음양오행(陰陽五行)의 부조화와 조율

지구와 인간은 크게 보면 생명공동체라고 할 수 있다.

지구는 지축이 23.5도 정도 기울어져 있기 때문에, 완전한 균형을 유지하고 있지 않다. 그러나 묘하게 지축의 불균형이 생명이 살아가는 데는 긍정적인 영향을 미치고 있다. 태양을 중심으로 지구의 자전과 공전이 맞물리면서, 지구의 북반구와 남반구는 번갈아가면서 태양의 강한 직사광선을 더 받게 된다. 이로 인해 계절의 변화로 인한 생명의 다양성이 확보되었다.

그럼에도 불구하고 일부 지역에서는 태양 에너지를 지나치게 받게 될 수밖에 없다. 그 결과 새로운 화(火)가 하나 추가되었다. 이것을 상화(相火)라고 부른다. 오행의 흐름에 또 다른 변화 요인이 생긴 것이다. 오행의 오기(五氣)에 상화가 추가되어 육기(六氣), 즉 목(木), 화(火), 상화(相火)의 세 개의 양기(陽氣)와 금(金), 수(水)의 두 개의 음기(陰氣), 그리고 토(土)의 중화지기(中和之氣)가 생성되었다.

그 결과, 양기와 음기의 불균형을 중화하기에는 중기(中氣)의 역량이 떨어질 수밖에 없게 된다. 양기의 지나침으로 인해 지구상에는 각종 자연 재난이 끊이지 않고 있다. 자연의 일부로서 인간은 자연의 영향을 그대로 받을 수밖에 없다.

본래 우주는 순음(純陰)과 순양(純陽)으로 음양이 균형과 조화를 이루고 있다.

그러나 천지가 분리하는 과정에서 생긴 일월(日月)은 음양과 오행의 기운이 혼합되어 있고, 그 조합의 구성비율도 균형을 이루고 있지 않다. 인체를 소우주로 볼 때, 인체의 심(心)과 신(腎)은 각각 일(日)과 월(月)의 역할을 대행하고 있다. 심신(心腎)이 음양을 교류할 때, 토(土)의 중기(中氣)에 해당하는 위장은 심장과 신장이 서로 상극(相剋)하는 성질을 제대로 조절하기 힘들어진다.

더욱이 사람마다 오행의 균형 정도가 다르게 때문에, 수명의 차이가 생기게 된다. 따라서 건강하게 장수하려면, 심신(心腎)의 상극을 조절하는 위와 장을 잘 보호하고, 위장의 기능을 높이는 생활습관을 길러야겠다.

인간의 정(精), 즉 육신은 오행의 결합으로 생성된다. 반면에 인간의 신(神), 즉 영혼은 오행의 혼합에서 분리된 의식이다. 인간의 정신은 이 두 개의 상반된 요소가 하나가 되어 완성된다. 정과 신 사이에서 조율을 통해 심신의 통합의식인 정신(精神)을 움직이는 바탕이 바로 토(土)의 작용이다.

그러나 인간의 소우주는 대우주에 비하면 극히 작은 구조를 이루고 있다. 따라서 우주의 중화지기에 비하면, 인체 장부의 중화작용은 절대적으로 미약하다.

위장을 제2의 뇌라고 부르는 것은 신경작용을 담당하는 호르몬을 생성하는 곳이기 때문이다. 이곳의 기능이 불균형을 초래하면, 각종 병리현상이 발생하게 된다. 위장의 순기능을 토화작용(土化作用)이라고 부른다. 이 기능이 균형을 이루면, 이성, 사랑과 자비 등의 보편적 의식이 원만하게 작동하게 된다.

음양오행의 관점에서 보면, 건강은 태아가 형성되는 과정에서 어느 정도 결정된다고 볼 수 있다.

태아는 부모로부터 육신을 이루는 오행의 기운을 받고 자란다. 부모의 정혈(精血)이 서로 섞이면서 변화작용을 일으킨다. 이때 어머니의 체질이 음양오행의 균형을 조율하는 토화작용을 잘 하면, 어머니의 덕(德)으로 정자를 잘 육성하게 된다.

하지만 어머니의 오행이 목화금수(木火金水)의 균형이 무너져 어느 한쪽에 치우친 경우에는, 정자와 모혈(母血)사이에서 모순과 불협

화음이 생긴다. 또한 임신 중의 생활습관이 태아에게 큰 영향을 미친다. 예를 들어, 이 기간 동안의 음식, 감정과 의식의 정신상태, 그리고 생활태도 등은 태아의 정신과 체질에 직접적인 영향을 미친다. 더불어 부모가 함께 하는 태아교육의 여부에 따라 태아의 성질, 기질 등이 변하게 된다.

부모에게서 받는 선후천적인 여러 영향들은 아이의 일생에 큰 토대를 이루게 된다. 이러한 차이가 개인의 정신과 육체의 우열을 만드는 요인들이다. 토화작용이 목화금수를 조율하는 조건이 나쁠수록, 육체와 정신의 능력은 더욱 악화된다. 인간의 천품은 토화작용에 의해 결정된다고 할 수 있다.

순수한 토성(土性)을 타고난 사람은 중도의 덕성(德性)이 높다.

이런 사람은 나쁜 의식도 거의 없고, 특별한 사고가 아니라면 병마의 고통도 별로 없다. 이것은 목화금수의 음양작용이 균형을 이루기 때문이다. 이처럼 중화(中化)의 기능은 생명과 정신의 본원이라고 할 수 있다.

인간 사회의 각종 갈등과 대립을 해결하는 방법도 결국 중화하는 능력에 달려있다. 수행의 핵심도 바로 이 기능의 수련에 있다.

중화지기의 단련을 통해 정(精), 즉 육신의 기초를 확고히 한 후에,

본격적인 의식 수행이 가능하다. 이러한 이치를 간과하고 특별한 건강법이나 수행법으로 들어가면, 건강도 해치고 수행도 완성할 수 없게 된다.

중화가능을 높이는 최고의 방법은 무엇보다 바른 도리에 맞게 사는 일상의 삶이다.

인간은 다른 생명처럼 자연의 영향을 그대로 받는다. 외부의 기운에 의존해서 생존하는 식물은 자기의 운(運)이 없이 생존하는 존재다. 반면에 동물은 내부에 생명의 기운인 양(陽)을 많이 함축하고 있어서 자율적인 생명력이 있다. 인간은 동물 중에서 가장 높은 독자적인 저항력과 자신만의 운(運)을 생성하는 기운을 갖고 있다. 하지만 인간은 식물처럼 외부적 환경에 영향을 받을 수밖에 없다.

인간의 생명작용은 자연의 이치를 따르면서 거역하는 이율배반적인 양면성을 모두 갖고 있다. 양극적 모순을 잘 헤쳐 나가는 것이 건강과 삶을 성공적으로 영위하는 비결이다.

06. 한의학적 장수 비결

한의학적으로 보면, 정신과 육체의 건강은 음양오행의 상호관계를 이루는 정도의 변화에 따라 달라진다.

육체의 생리조건이 정신과 생명에 영향을 미치고, 반대로 정신 상태가 육체에 영향을 미친다. 정신이 육체를 다스리는 주인이지만, 앞에서 보았듯이, 몸과 마음의 건강은 토화작용(土化作用)에 달려있다. 위장 부위인 토(土)가 목화(木火)와 금수(金水), 즉 간장과 심장 그리고 폐장과 신장을 잘 조절하면, 건강한 생활을 영위할 수 있다.

심신의 토화작용을 잘 유지하는 방법은 무엇보다 자연의 변화흐름에 따라가는 것이다. 절기의 변화에 맞게 자연의 순리에 따라 생활하면 된다. 봄과 여름에는 일찍 일어나고 늦게 잠자리에 들고, 반면에 가을과 겨울에는 상대적으로 다소 늦게 일어나고 일찍 잠자리에 드는 것이 순리다.

봄과 여름에는 태양빛이 충만하므로 양기를 많이 받을 수 있기 때문에, 일찍 일어나고 늦게 잠으로써 양기를 높이는 시간을 많이 갖는 것이 좋다. 반면에 가을과 겨울에는 태양 에너지가 감소하기 때문에, 상대적으로 일찍 자고 늦게 일어남으로써 가능한 양기를 보존하는 것이 유익하다.

세상에는 정신을 혼탁하게 하는 것들이 너무 많다. 세상의 문제도 있지만, 근본은 나 자신이다.

특히 나의 집착과 탐욕으로 세상과의 갈등이 깊어진다. 특히 탐욕이 이성의 상대로 향하면, 욕정이 된다. 욕정의 감정을 다스리지 못하고 상대를 무례하게 범하면, 사회의 기초가 되는 가정이 무너질 수 있다. 또한 남의 것을 탐하는 탐욕을 막지 못하면, 사회질서가 붕괴될 수 있다.

인간의 그릇된 욕망이 문제가 되는 것은 바른 의식을 중재하는 토화작용을 해치기 때문이다. 욕망의 불은 생명의 기운을 태우고, 죽음을 재촉한다.

그 이유를 성찰해보자.

인간의 정신은 양(陽)이지만, 음형(陰形)인 육체 속에 활동할 수밖에 없다. 비좁은 육체 속에서 양기가 제대로 작용하기 힘든 상황인데, 더욱이 욕화(慾火)가 발동하면 감정과 이성은 균형을 극도로 상실할 수 있다. 이 상태에서는 바른 도리에 맞게 판단하기 힘들고, 각종 죄악에 빠질 수 있다. 또한 심신 작용의 균형이 빠르게 무너지면, 건강이 급격히 악화될 수 있다.

인생주기를 오행에 비유하면, 20-30대는 특히 목화(木火)의 양기를 발산하는 시기다. 따라서 이 시기에는 특히 정욕을 조심하는 것이 건강과 인생에 이롭다. 40-50대 이후는 금수(金水)의 음기가 탐욕을 부르기 쉽다. 하지만 100세 시대에 접어든 요즘은 이런 구분이 사실 깨졌다. 개인별로 건강의 편차가 심하고, 삶의 환경도 다르기 때문에, 욕정과 탐욕을 모두 경계해야 건강한 삶을 오래 유지할 수 있다.

삶의 조건이 너무 윤택해도 방만하게 양기를 낭비하기 쉽고, 반면에 너무 곤궁해도 마음의 양기가 위축되게 된다. 적당한 균형을 유지할 때, 양기가 보편적 도덕으로 향할 수 있다. 큰 도둑은 양기의 지나친 발산에서 비롯되고, 작은 도둑은 양기의 지나친 위축에서 생긴다. 곤궁에 빠질수록 작은 죄악을 빈번하게 범할 수 있는 것은 위축된 음(陰)의 작용이 양기를 옥죄기 때문이다.

에머슨은 산문 〈운명〉에서 "모든 영혼은 그 자신의 집을 짓지 만, 그 후에는 그 집이 영혼을 제한한다."고 말했다. 이와 같이 욕심은 양기를 제한하는 음형(陰形)을 만들고, 보편적 정신과 사랑을 파묻는 무덤이 된다.

인간의 감정도 오행의 이치로 설명할 수 있다.

심장은 기쁨, 간은 분노, 폐는 슬픔, 신장은 공포, 위장은 생각과 관련이 있다. 오행은 서로 상생상극하기 때문에, 어떤 감정이 지나치면 그와 관련한 장기가 손상을 입게 된다. 기쁨, 분노, 공포, 잡다한 생각 등이 지나치면 그러한 감정들이 모두 화(火)가 되어, 정상적인 생리작용을 막게 된다. 따라서 건강한 삶을 살기 위해서는, 감정을 순화시켜 화기(火氣)를 줄일 필요가 있다.

또한 건강을 유지하는 데는 자기 자신의 체질과 성향에 맞게, 생활 속에서 음양의 조절이 필요하다. 예를 들어, 양성(陽性)이 강한 사람은 외향적인 정신활동을 적당히 하는 것이 좋다. 외부로 양기가 지나치게 빠져나가면, 육체의 안정도 보장할 수 없다.

따라서 음기(陰氣)의 부족을 충당하는 영양보충도 필요하다.

우리의 몸은 자연의 일부이기 때문에, 몸의 생리를 잘 살펴 그에 부응하는 생활습관을 갖는 것이 좋다. 평소 자신의 상태를 잘 살펴, 심신의 변화흐름을 기록하는 것이 바람직하다. 이러한 습관을 들이면, 스스로 몸과 마음과 삶의 방향을 알 수 있다. 무엇보다 절제하는 태도가 중요하다. 지나치게 감정이나 욕심에 사로잡히면, 자신의 수명과 건강을 단축시키는 결과를 낳게 된다.

인간의 정신과 생명은 우주의 축소판과 같다.

순리를 따르면 장수하고, 순리를 거스르면 요절할 수 있다. 다시 한 번 더 강조하지만, 건강의 요체는 토화작용(土化作用)에 있다. 육체 내에서 토화작용이 잘 되면, 신장의 수기(水氣)는 순조롭게 상승하게 된다. 그와 더불어 심장의 화기(火氣)는 아래로 침잠하게 된다.

수승화강(水升火降)이 균형을 이루면, 머리가 맑아지고 지혜의 눈이 생긴다. 반면에 감정의 기복으로 수승화강의 균형이 무너지면, 이성이 제 기능을 할 수 없게 된다. 바른 생활은 지혜의 모체가 된다.

어떤 건강법이나 수행법보다 바른 생활과 태도가 중요한 이유가 여기에 있다.

07. 수행을 통한 심리와 생리의 조절

우리의 몸은 겉으로 보기에는 고정된 듯이 보이지만, 끊임없이 움직이는 상태다. 마음도 마찬가지로 이러저러한 생각과 감정 등으로 한시도 평안할 때가 없다. 우리가 잠시 편안함을 느끼는 것은 일시적인 착각이라고 할 수 있다.

일차적으로 수행은 이러한 심신의 번잡함을 안정시키는 일이다.

보통 수행하면 정좌(靜坐)를 생각하는데, 고요한 상태를 유지하며 앉는 것은 몸을 안정시키기기 위한 최소한의 방편이다. 수행은 행주좌와(行住坐臥) 모든 자세에서 가능하다. 하지만 수행의 기초를 세울 때는 고요히 앉는 자세가 가장 무난하다.

처음에는 자세를 바로 하는 것 자체가 힘들다.

가장 먼저 다리가 저리고, 몸의 여기저기서 평소 느끼지 못한 반응을 느낄 수 있다. 그러다 앉는 자세가 좀 몸에 익으면, 들뜬 마음이 일순간 가라앉는 듯하다. 그러나 불행히도 이 상태가 오래 지속되지는 않는다. 산란한 마음을 달래기 위해서 여러 가지 방법을 동원하지만, 쉽지 않다.

가장 단순하고 좋은 방법은 그대로 놔두는 것이다.

마치 흙탕물을 그릇에 받아 그대로 놔두면 점차 흙은 가라앉고 맑은 물만 위에 뜨듯이, 마음도 그대로 놔두면 들뜬 마음이 가라앉는다. 흙탕물을 휘젔지 않으면 부유물이 더 이상 뜨지 않듯이, 여기저기 떠오르는 생각에 끌려 다니지 않으면 마음의 불안은 사라진다. 선사(禪師)들이 방하착(放下着)을 강조하는 이유가 여기 있다. 어지러운 삶의 인연들을 잠시 내려놓으면, 마음이 맑아지고 고요해지기 때문이다.

이 방법은 질병치료에도 큰 효과를 낸다.

물론 외과적 수술이나 특별한 처방이 불가피한 경우를 제외하면, 의학적인 방법보다는 심신의 안정을 유지하는 일이 질병을 근원적으로 치료할 수 있다. 더불어 충분한 영양을 보충하고 쉬면, 대부분의 병은 자연 치유된다. 우리 몸에 내재된 자연치유 시스템이 작동하기 때문이다. 특히 생각이 몸에 미치는 영향은 절대적이다. 마음을 쉬면, 몸도 편안해진다.

생리와 심리는 하나로 연결되어 있다.

양자물리학, 정신과학, 심신의학 등에서 밝혀지고 있듯이, 우리가 느끼는 정신과 물질은 파동과 입자의 물리적 현상으로 우리에게 영향을 미치고 있다. 정신과 물질로 이루어진 심신도 물질과 정신의 변화의 법칙에서 예외가 아니다.

역(易)의 이치가 그대로 심신의 변화에 적용된다.

생각과 의지는 집중하려고 하면 더욱 분산되기 때문에, 역(易)의 원리를 아는 것이 중요하다. 모든 것은 구심력과 원심력이 상대하며, 균형을 유지하려는 특성을 지니고 있다. 따라서 구심력이 극대화되면, 그 반작용으로 원심력도 그에 비례해서 강하게 작동하는 법이다. 반대로 원심력이 강할수록 구심력도 극대화된다.

수행을 통해 몸과 마음이 고요해지면, 평소 들뜬 심리와 생리의 작용이 안정을 찾게 된다. 움직임이 활발할 때보다, 고요한 상태를 유지하는 때 더욱 큰 생명작용이 일어나게 된다. 그렇게 보면, 고요함은 생명의 정지가 아닌 대동(大動)의 상태인 것이다.

정중동(靜中動) 속에서 생명의 자연치유력이 강력하게 발휘된다.

정(靜)과 동(動)은 음양이 번갈아 순환하는 이치로서 도(道)의 작용이다. 도는 정(靜)과 동(動) 사이에 존재한다. 건강이나 수행의 성취는 모두 고요한 상태에서 완성된다. 모든 생명활동은 고요한 상태에서 생장하는데, 이는 자연의 법칙이다. 노자는 "생명 있는 것은 왕성히 자라 각기 그 근본으로 되돌아간다. 근본으로 돌아가는 것을 고요함이라 하며, 이것을 생명의 회복이라 한다(夫物芸芸, 各復歸其根, 歸根曰靜, 是謂復命)."고 말씀했다.

고요함이란 측면에서 잠도 일종의 수행이 될 수 있다.

잠을 잘 자면, 그 다음날 몸이 개운하고 마음이 맑아진다. 수면이나 수행 모두 심신의 휴식을 취한다는 점에서 동일한 생명의 원리가 작용하기 때문이다. 잠을 자는 동안 다른 신체활동은 쉬면서, 뇌신경은 낮 동안 받아들인 정보를 정리하고, 심신의 기능을 새롭게 세팅한다.

쉼은 새로운 활력을 얻는 원동력이다. 수행도 마찬가지 효과를 낸다. 심신을 고요히 쉬면, 실타래처럼 엉킨 생각들이 정리되고, 사고 기능이 선명해진다. 따라서 고요함을 찾는 수행은 선천적인 지혜를 배양하는 최상의 방법이 된다.

고요한 상태가 극에 이르면, 지혜의 광명이 스스로 나타난다.

비우면 스스로 드러나는 것이 광명의 지혜다. 고요함과 지혜는 찾으려고 애쓸수록 오히려 얻을 수 없다. 더군다나 심신이 들떠있는 보통 사람들이 수행을 해도 밝은 지혜를 얻을 수 없는 것은 심신을 안정시키지 않은 상태에서 특별한 수행법에 연연하기 때문이다. 따라서 수행법에 앞서 자신의 생활을 돌아보고, 자신의 삶을 안정시키는 것이 무엇보다 선행되어야 할 일이다.

일반인의 심리와 생리 상태는 폭류와 같은 상태라고 할 수 있다. 일상의 삶과 수행을 통해 심신이 안정되면, 거친 잡념과 망상이 사라진다. 이 상태에서 더 나가면 기(氣)가 마치 멈춘 듯이 매우 미세해지고, 마치 호흡이 정지된 것처럼 느껴진다.

여기서 수행의 단계가 올라가면, 맥박이 멈춘 듯 심장의 고동도 극히 완만해진다. 수행이 완성되면, 비로소 염(念)이 사라지고 청정해진다. 심신의 어떤 감각도 소멸한다. 이 과정에서 심신의 모든 습기는 사라지고, 고요한 상태에서 세상을 바르게 비추어볼 수 있는 삼매(三昧)를 이룰 수 있다.

수행의 핵심원리는 지관(止觀)이다. 지(止)는 곧 청정이 극에 달한 상태를 말한다. 관(觀)은 완전한 고요의 상태에서 만법을 그대로 직관하고, 생명의 온갖 이치를 얻는 지혜의 과정이다.

한편 수행은 생리의 작용과 밀접한 관계를 맺고 있다.

생리는 한의학적으로 살펴보면 기(氣)의 운행과 연결된다. 현재 서양의학도 심신의학에서 기에 관한 활발한 연구를 하고 있다. 자세한 내용을 파악하는 데는 한의학적인 깊은 공부가 필요하다. 여기서는 기본적인 핵심만 살펴보겠다.

내부순환계 영역에서, 서양의학은 특히 심혈계, 림프계에 주력해서 많은 성과를 냈다. 반면에 동양의학은 고대부터 이외에 제3의 순환계인 기맥(氣脈)이 존재한다는 것을 알고, 모든 치료에 활용했다. 기(氣)가 유통하는 미세한 관을 기맥이라고 한다. 기맥에는 다양한 종류가 있지만, 여기서는 가장 기본적인 임맥(任脈)과 독맥(督脈)만을 얘기하겠다.

쉽게 말해서 독맥은 등쪽의 기맥으로, 척수신경 및 뇌중추신경이다. 임맥은 배쪽의 기맥으로, 자율신경계통, 내분비 계통, 내장의 기능과 관련된 것이다. 보통 사람의 기맥은 완전히 뚫려있지 못하다. 태어나서 살아가는 동안 잡다한 섭생과 혼탁한 생활습관으로, 기의 유통이 원활하지 않다. 수행을 통해 심신이 안정되면, 먼저 독맥이 열리기 시작한다.

수행이 깊어지면, 임맥이 열리기 시작한다.

임맥의 중심은 중궁(中宮), 즉 위장 부위다. 앞서 살펴보았듯이, 위장은 오행(五行)의 기운 중에서 토(土)의 위치다. 오행의 균형은 토

(土)의 작용에 달려있듯이, 비장과 위장의 관리는 건강, 장수, 양생, 수행 등의 핵심이다. 위장의 입구는 위로 식도와 통하기 때문에, 식도의 관리는 위장의 건강에 매우 중요하다. 또한 위장은 아래로는 대장과 통하기 때문에, 위장의 관리는 신장에 직접적인 영향을 미친다. 임맥이 완전히 열리면, 오장육부의 기능이 강화되고 신진대사가 왕성해져 건강을 완전히 회복할 수 있다.

앞서 보았듯이, 수행을 통해 선정을 얻는 것은 뇌신경과 절대적인 관계가 있다. 도가의 수행법은 특히 뇌를 강조하고 있다. 도가에는 정을 돌려 뇌를 보호하면, 늙지 않고 오래 산다는 입장을 갖고 있다. 현대의학에서 자세히 밝혀지고 있지만, 뇌의 상태는 인간의 의식에 절대적인 영향을 미친다. 선정은 혼미함이 없이 모든 현상의 실체를 있는 그대로 보고, 듣고, 깨닫고, 아는 상태인 일령불매(一靈不昧)를 얻는 과정이다. 이것은 의식이 또렷이 깨어있지만, 일체의 망상과 잡념이 사라진 상태를 의미한다.

생각이 가는 곳에 기혈(氣血)이 함께 움직인다.

이 때문에 잡스러운 생각이 망동하면, 그에 따라 기혈이 들끓게 된다. 그리고 혼탁해진 기혈은 몸과 마음의 정상적 기능을 교란시킨다. 무엇보다 마음에 끼치는 영향이 크다. 고통과 번민을 일으킨 직접적인 원인을 제1의 화살이라고 하면, 그로부터 비롯해서 연이어 생기는 좋지 않은 각종 느낌, 생각, 경계가 확장되어 따라오는 것을 제2의 화살이라고 한다.

이러한 현상은 이미 내 안에 청정하지 않은 인연의 종자들이 새로운 생각과 만나면서, 또 다른 인연으로 확장되기 때문이다. 어떤 생각이 떠오를 때, 그것을 아는 순간, 그 생각을 따라가지 않는 것이 생각을 쉬는 요점이 된다.

생각을 쉬는 수행은 건강뿐만 아니라 건전한 판단에도 매우 중요하다. 그러나 홍수처럼 쏟아지는 각종 정보에 노출되어 있고, 실시간으로 그에 반응하며 사는 현대인의 의식은 너무 혼탁하다. 그러므로 생각을 쉬는 것은 실상 쉽지 않은 일이다.

따라서 의식을 한 곳에 모으는 다양한 수행법이 필요하다.

자신에게 맞는 수행법을 통해 생각을 멈추고 하나의 집중대상에 의식이 모아지면, 업보의 몸과 마음이 청정하게 전화될 수 있다. 맑은 기(氣)가 몸의 습기를 전화시켜서, 모든 세포신경이 맑아진다. 이 업보의 심신이 맑게 전화되어 모든 경계를 초월하면, 비로소 선정을 얻을 수 있다.

기(氣)를 돌려 기경팔맥을 통하는 것은 단지 수행의 기초 작업에 불과하다. 전신의 기가 충만해져, 기를 느끼지 못하는 무아(無我)의 경지에 이르러야 한다. 이 상태에서 비로소 몸과 마음은 하나가 되기 시작한다. 이 이후의 단계는 수행이 아닌 수도(修道)의 단계라고 할 수 있다.

수도는 심신과 천지 우주가 혼연일체가 되어, 바른 도리로 세상을 움직이는 단계라고 할 수 있다.

수도의 깊은 단계는 복덕과 지혜가 원만한 사람이 아니면 더 이상 알 수 없다. 그러나 한 가지 분명한 것은, 성인(聖人)들의 말씀을 종합해 볼 때, 모든 생명을 구제하겠다는 마음으로 진리의 도리를 실천해야 완전한 깨달음이 가능하다는 사실이다.

우리가 하는 일반적인 수행은 경계 안의 수행이다. 경계를 벗어나는 유일한 길은 모든 생명을 품어 안는 사랑과 자비의 마음을 내는 일이다. 그런 연후에 특별한 수행법이 힘을 받을 수 있다.

수행법은 진리로 안내하는 수단에 불과하다.

융합사회를 위한 인재교육

우리 사회는 지금 혼돈 속에 있다.

앞서 여러 글에서 밝혔듯이, 나는 그 근본적인 원인을 물질주의적 가치관이 사회를 지배한 데서 찾고 있다. 사회는 다양하고 이질적인 성향을 지닌 사람들과 양극적인 요소들로 구성되어 있다. 따라서 갈등과 모순은 당연한 현상이다.

그러나 대립 현상이 지나칠 때, 양극단을 균형조율할 수 있는 정신문화가 없다면 문제는 심각하다. 우리는 고도의 정신문화를 이룩한 단군의 후손이지만, 현재 우리 사회는 통섭의 정신을 망각하고 서로 치열하게 싸우고 있는 실정이다.

인류문명 자체가 새로운 차원으로 진입하는 상황이기 때문에, 전 세계의 상황도 극도로 혼미하다. 인공지능시대의 새로운 무역질서가 확립되지 않은 상태에서, 열강(列強)들은 패권을 차지하기 위해 서로 극심하게 다투고 있는 중이다. 극단적인 물질문화로 야기된 사회의 불균형은 깊고 광범위하게 사회 전체에 뿌리박혀 있다.

더욱이 사회의 조직과 문화가 지닌 관성 때문에, 사회를 새롭게 변화시킨다는 것은 극도로 어려운 일이다. 사회의 시스템과 그것을 뒷받침하는 가치체계는 한 순간에 새롭게 변화될 수 없다.

모든 것을 하나로 연결하는 융합시대에 맞는 새로운 가치와 질서를 설정하기 매우 힘든 상황이지만, 낙담할 필요는 없다. 사회의 극심한 혼란은 변화의 시작을 알리는 신호이기도 하다. 우리가 새로운 변화를 이끌어낼 동인(動因)을 찾을 수 있으면, 우리 사회는 대전환의 기회를 잡을 수 있다.

나는 수행을 본격적으로 연구하면서, 수행과 수행문화를 활용한 인간교육이 물질문화와 정신문화를 균형 있게 융합할 수 있는 원동력이라고 직감했다. 여기에 AI의 등장은 내게 새로운 활력을 주었다. 나는 수행문화와 인간교육의 개발에 AI를 활용할 수 있다고 본다.

많은 사람들이 AI가 인류에게 끼칠 해악을 걱정하고 있었지만, 나는 역으로 AI가 인류의 제반 문제들을 해결할 수 있는 시발점이 될 수 있다고 생각한다.

사실 AI는 양날의 검과 같다. 우리가 어떤 의지와 방식으로 사용하느냐에 따라, AI는 우리를 살릴 수도 있고, 반대로 우리를 파멸로 이끌 수도 있다. 정보를 조율할 수 있는 바른 기준이 있으면, AI는 복잡하게 얽힌 엄청난 정보를 빠른 시간 안에 처리하고, 모두에게 유익한 결과를 도출하는 특별한 기능을 지니고 있다.

무엇보다 AI는 사회의 논쟁을 해결하는 데 이용될 수 있다.

감정이 앞서기 쉬운 사람들 사이에서 논쟁은 자칫 싸움으로 비화되기 쉽다. 하지만 감정이 없는 AI는 소모적인 논쟁이 필요 없다. 물론 여기에는 한 가지 전제 조건이 있다. 바로 보편타당한 기준을 AI에게 부여해야 한다는 점이다.

나는 이 기준이 바로 보편윤리라고 본다.

나는 2018년에 《공자 노자 석가 예수를 관통하는 진리》란 책에서 인공지능에 부여할 윤리의식의 해법을 제시했다. 이후 나온 모든 책에서 AI시대를 대비하는 차원에서, 나는 보편윤리도덕을 함양하는 인간교육과 수행문화를 주장하고 있다.

AI시대를 위해서는 새로운 인간교육의 전범이 필요하다.

그동안 우리가 추구한 교육의 목적은 인간성의 함양보다는, 각 분야에서 생산성을 높이는 인재를 양성하는 데 초점이 있었다. 그 결과로, 물질적 편의와 효율은 높아졌다. 하지만 그에 비례해서 도덕성의 상실은 갈수록 심화되고 있다.

사실 동서양의 인류사를 보면, 도덕적 타락이 시간과 장소를 초월해서 개인은 물론이고 사회와 국가의 몰락을 불러일으킨 사실을 알 수 있다. 특히 사회 지도층의 정신적 타락이 사회 전체에 미치는 부정적 영향은 대단히 클 수밖에 없다.

AI시대에 도덕성은 더욱 중요하다.

비도적적으로 AI를 활용하면, 그 피해가 상상할 수 없을 정도로 커질 수 있기 때문이다. 도덕은 단순히 윤리적 차원을 넘어선다. 도(道)는 진리, 덕(德)은 진리의 실천을 의미하기 때문이다. AI시대가 본격화될수록, 도덕의식의 타락은 인류의 종말도 야기할 수 있는 중차대한 문제가 되고 있다.

수행문화와 인간교육은 AI변혁시대를 살아내는 핵심이다. AI의 개발자는 물론이고 일반 사용자, 정부 관리자, 사업자 등이 모두 바른 도덕의식을 함양할 때, 인류사회의 안전은 보장된다.

역(易)의 관점에서 볼 때, 지금 우리 사회에 닥친 혼란과 위기는 오히려 수행문화와 인간교육을 펼칠 수 있는 좋은 기회를 마련해주고 있다. 이제 때가 무르익었다.

앞으로 뜻이 있는 사람들을 모으고자 한다.

나는 오래전부터 10명의 인재만 잘 양성하면, 우리 사회를 위기에서 구할 수 있다는 신념을 갖고 있었다. 각 분야에서 널리 사회를 이롭게 할 바른 뜻을 가진 10명의 인재가 양성되면, 그 파장은 사회 전체로 확대될 수 있기 때문이다.

내가 소규모 인재교육을 주장하는 이유는 급변하는 시기에 새로운 정신문화를 세우는 데는 사회를 선도하는 인재교육이 가장 효과적이기 때문이다.

몸과 마음과 삶을 총체적으로 함양하는 인간교육은 대규모 교육과 학습이 가능한 이론교육으로 불가능하다. 체험을 통해 도덕적 생활습관을 체득하는 데 인간교육의 중점이 있으므로, 소규모로 진행하는 것이 바람직하다.

사회 지도층이 바른 도덕의식으로 재무장하고 각자의 분야에서 솔선수범한다면, 그 모습은 대중에게 상당히 큰 교육적 효과를 주게 될 것이다. 나 또한 그들과 함께 수행과 인간교육을 실제로 경험하면서, 내 의식을 대승적 차원으로 승화시키는 계기로 삼고 싶다.

사람들은 나쁜 것도 잘 따라하지만, 좋은 것도 빨리 학습하고 전파하는 성향을 지니고 있다. 특히 수많은 고난을 겪으면서 우리가 체득한 '빨리빨리 문화'는 수행문화와 인간교육을 보급하는 데 큰 역할을 할 것이다.

앞으로 수행문화와 인간교육을 융합사업으로 모델링해서, 먹고사는 문제를 해결할 수 있는 다양한 사업거리와 정책들을 각 분야의 인재들을 통해서 보급할 계획이다. 수행과 인간교육에 관련된 사업을 통해 먹고사는 문제가 조화롭게 해결된다면, 정신문화의 보급이 한층 더 촉진될 수 있다.

사회 전체를 변화시키는 것은 매우 힘들다. 엄청난 비용과 시간을 요하는 문제일 뿐만 아니라, 추진하는 사람들마다 주장도 각기 다를 수 있기 때문이다.

그러나 하나의 작은 모델링은 어렵지 않다.

여기에 참여하는 사람들의 뜻이 천지인(天地人)의 도리에 부합하면, 적은 비용으로 큰 파급효과를 볼 수 있다. 모델링을 통해 검증된 다양한 교육프로그램과 문화콘텐츠를 세상에 보급하는 과정에서, 바른 뜻이 확대 재생산될 수 있다. 그렇게 되면, 우리 사회는 빠르게 정상을 회복하고, 세상을 선도할 수 있는 정신문화를 바로 세울 수 있다.

나는 나비효과를 믿고 있다.

비록 시작은 작은 울림에 불과할지라도, 삶을 긍정적으로 변화시키는 모델은 주위에 큰 반향을 일으키기 마련이다. 물론 여기에는 사익보다는 공익을 우선하는 홍익정신이 필요하다. 무소유의 정신으로 모델링을 하고, 그 과정에서 얻어진 보편적인 정신문화를 사회에 환원하는 길이 바른 방향이라고 생각된다.

바른 뜻을 베푸는 사람들이 모이면, 사회 전체를 소통시키고 올바른 방향으로 전환하는 대의명분은 자연발생적으로 솟아오르게 된다. 수행문화와 인간교육의 모델링이 널리 세상을 이롭게 하는 정신문화를 전파하는 작은 단초가 되길 소망한다.

어둠을 밝히는 지혜

대융합시대를 여는 수행문화교육

발행일 | 2025년 3월 31일
지은이 | 서동석
펴낸곳 | 에머슨하우스 교육연구소
표지 전각 글씨, 도안 | 진공재
편집/디자인 | 김준배
인쇄/제작 | HS미디어

에머슨하우스 교육연구소
주소 | 03012 서울시 종로구 진흥로 432, 요진오피스텔 513호(구기동)
전화 | 02-395-8806
팩스 | 02-395-8068
E-mail | eastosuh@daum.net

신고번호 | 제 2021-000149호
ISBN | 979-11-977263-3-0

책값은 뒤표지에 있습니다.
잘못 만들어진 책은 구입처에서 바꿔드립니다.